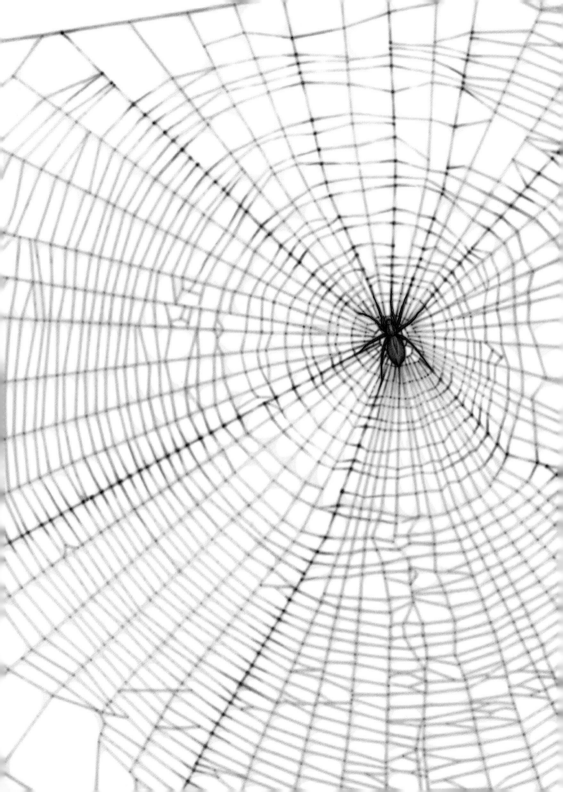

第 1 話
蜘　蛛

ことわざ，格言のたぐいを疑え
　世間では，哲学者たちを理解するのは容易じゃないと言われている。笑い話としてだが，哲学者同士だって，理解し合うのは難しいよね，などと付け加えて言われる。実際それは起きている。そんなときでさえ，新しい哲学というものの姿は見ることができる。デカルト哲学について一種の概要とも言える最初の著作を著わしたときのことだ。スピノザは，否が応でも中立を最大限守ると心に誓った。それでも……
　それでも，スピノザがまるでスピノザ自身の本性にふたたびつかまえられたかのように，もはや中立にはこだわっていられない瞬間が来る。すると，スピノザ主義が本心をちらりとのぞかせる。デカルトは次のような格言を引き合いに出すのだが，やけに父親ぶって，しかも実に口先巧みに言うので，自明のことだといった雰囲気を醸しているように思われる。「いっそう大きなこと，いっそう難しいことができるのなら，いっそう小さいこともできる」[1]。公理と銘打って打ち出されているこの格言を，デカルトは，まさしく神の存在そのものを証明することに使っている。えっ，どうして？　ここでそれはないだろう。スピノザのほうはこれより先へ進むのを拒んでいるのだから。「しかし，彼がこれでなにを言いたいのかが私にはわからない。実際，デカルトはなにを称してたやすいとか，難しいとかと言うのだろうか？　というのも，実際のところ，たやすいも難しいも，絶対的にそうなのではなくて，ただたんに，そのことの原因から見て，たやすいとか難しいとかと言われているにすぎないからだ。ひとつの同じ事柄を，時間を同じにして，異なる原因に照らし合わせて見てみると，たやすくかつ難しい，ということになりかねないのである」[2]。

デカルト主義の蜘蛛
　『デカルトの哲学原理』には，本文の隅のほうに小さな註記があり，そのなかにひとつのおもしろい蜘蛛の例が巣を張っているが，この例をとりあげれば，ほかの例は探さなくてもよくなるだろう，とスピノザは

【訳者記】

原書の註記はすべて本文の余白に置かれており，そのほとんどがスピノザの著作の引用出典箇所を示すもので，章節などの簡略な指示はあるが，特定の文献の頁数は示されていない。

しかしこの邦訳書では註を巻末にまとめ，邦訳のある文献についてはその該当頁を示すとともに，訳者による内容理解のための註記も加えた。詳細は本書 150 頁の凡例を参照。

第 1 話	蜘 蛛	9
第 2 話	二匹の犬	18
第 3 話	人間，ロバ，象	24
第 4 話	血のなかにいる虫	26
第 5 話	海の魚	32
第 6 話	天使とネズミ	39
第 7 話	翼のある馬の観念	42
第 8 話	キマイラ	46
第 9 話	驚 き	54
第10話	痕 跡	60
第11話	前 兆	64
第12話	奇 蹟	68
第13話	隣人の雌鶏	74
第14話	作者の考え	77
第15話	神の法	82
第16話	石の落下	86
第17話	ビュリダンのロバ	90
第18話	陶工の神	95
第19話	馬のリビドー	99
第20話	蜜蜂と鳩	102
第21話	獅 子	105
第22話	蛇	111
第23話	憂鬱な気分の人	115
第24話	家 畜	118
第25話	記憶喪失に陥った詩人	122
第26話	二匹の犬	125
第27話	子 供	131
第28話	社会的動物	135
第29話	セイレンたち	142
第30話	イソップのヤギ	145

註	150
文献抄	163
訳者あとがき	164

スピノザと
動物たち

アリエル・シュアミ
アリア・ダヴァル
大津真作【訳】

法政大学出版局

Ariel SUHAMY, Alia DAVAL: SPINOZA PAR LES BÊTES
© 2008 OLLENDORFF & DESSEINS
This book is published in Japan by arrangement with OLLENDORFF & DESSEINS,
through le Bureau des Copyrights Français, Tokyo.

スピノザと
動物たち

第 1 話　蜘　蛛

書いている。「蜘蛛が張る蜘蛛の巣は，人間には非常な困難をもってしか作ることはできない。一方，人間は，おそらく天使にさえ不可能な，実に多くのことをきわめて容易になし遂げる」[3]。
　どんなことでも，それ自体としてとなると，たやすいとか，難しいとかとは言えない。ただひとつの同じ行為が，それぞれの本性に即して，一方にとってはたやすく，他方にとっては難しいということなのだ。たしかに，私は人間として，小さな蜘蛛よりは力が強いので，かかとでたやすく蜘蛛を踏みつぶせる。ところが，同じたやすさで，蜘蛛の巣を張れるかと言うと，それはとうていできない！　命を絶つという観点から

見てのみ，私は蜘蛛よりも力が強いにすぎず，暮らしを営むという観点から見ると，そうは言えない。
　人間はたぶん，蜘蛛と同じくらい繊細な，いや，蜘蛛以上に繊細な紡織機械を最後には考案するだろう。しかし，それにはかなり大きな努力が必要だ。だから，ただひとつの同じ作品をもとにして，双方の力を測ろうともくろんだり，双方の力を比較しようともくろんだりしても無駄なのだ。もろもろの力は，同じ単位で測ることができない。
　さらに先へ進もう。私が（私にとって）なにか難しいことをできるからといって，私ができる難しいことを，もっと下手にできるというわけ

ではない。蜘蛛は，蜘蛛の巣を張る。それは，われわれにとって難しい仕事だが，蜘蛛にとっては，なんでもない。しかし，蜘蛛にとっては，蜘蛛の巣を張るのを断念したり，もっと下手に蜘蛛の巣を張ったりするとなると，それはまったく不可能な話になる。そして，たとえ蜘蛛がそうしたいと望んでも，不出来な作品を作るには，大いに苦労するはずである。言い換えれば，蜘蛛にとっては，そうするのはもっと難しいということである。というのも，そんなふうにやるのは，蜘蛛の本性とまったく合致していないからだ。どのような存在物も，ありうることの手前にあるわけではない。存在物はつねに，いついかなる瞬間にも，ありうることの全体である。もっと哲学的な用語を使って言うと，存在物は「可能態」で存在するのではない。言い換えると，存在物は，なんらかの上級権力に引き留められている場合のように，実現されていなくて，現実化するのを待っているというわけではないのである。あらゆる可能態は現実態である。すなわち，現実に存在するものである。

動物は，彼らの本性がそうするよう決定づけていて，本性と行動はいつも等しいから，これらの点に関して動物の例ほど適切な証拠はほかにまったくない。このことは，われわれにはよくわかっているはずである。

蟻，馬，オルペウス

同じ単位で測れないという反論に，実はデカルト自身がすでに答えなければならなかった。そして，もう動物が助けにやってきていた。「私は正直に認めますが」と，彼はメラン神父[4]に答えている。「なんらかの結果を産み出すいくつかの原因は，私たちには，より小さく見えるような他のいくつかの結果を産み出せないことがしばしば経験されます。たとえば，ひとりの人間は，もうひとりの人間を産み出せますが，一匹の蟻を産み出すことはできません。ある国王が一国の臣民全体を従えていても，ときには，一頭の馬を従わせることができない場合もあります」。

大したことではありません，とデカルトは言う。私は強く断言します，とラテン語交じりで語るには，「普遍的な，限定されないひとつの原因

第1話 蜘蛛

が問題である限り，ヨリ一層大キナコトヲナシウルモノハ，ヨリ一層小サナコトヲナシウルということは，全体が部分ヨリモ大キイということと同じく，きわめて明証的な共通概念であると私には思われます」。より一層大きなことをなしうるものは，より一層小さなことをなしうるということは，全体が部分よりも大きいということに負けず劣らず明証的だ。したがって，人間は，蟻をも産めば，あるいは，王は，馬にさえも命令を下して言うことを聞かせれば，より大きな力を持っていることの証明になるというのだ。それは，ちょうど「オルペウスの音楽は動物さえも感動させることができたと思いついて，その分だけ多く，彼の音楽に力を付与するようなものです」[5]。

「普遍的な，限定されないひとつの原因」とデカルトは言う。さよう，かくも限定されていないからには，奇想天外なこと——蟻を産む人間——と真実らしいこと——王という得意分野では強力な王様でも，騎手としては情けない——を同じ面に置いても怖くないのだ。力を限定されないままにしておいて，デカルトは，人間の力が他の生き物に拡大されるかどうかによって，人間の力がより大きいか，より小さいかを測っている——オルペウスの姿は神，創造主，王の力を代表している。

蜘蛛の力

スピノザの反論はさらに一層過激になる。実際，彼は動物の側に向き直るのだ。どんな動物でもいい。デカルトは，支配下に置かれている動物か，人間より明らかに劣る動物かのどちらかについて語っていたが，スピノザのほうは，反対に蜘蛛に特有の力を強調する。命を絶つという点ではなく，作品を産み出すという点に照らして，人間の力よりも蜘蛛のたやすさが実に明白にまさっていると強調している。

それによって，力の概念には徹底的な修正が加えられる。デカルトにとって，力は無カラノ創造あるいは至高権力，あるいは両方（オルペウス）を意味しているが，スピノザから見ると，蜘蛛の力は蜘蛛の存在と一緒になっている。一方に，蜘蛛という存在物があり，他方で，それが

持っている力があるというのではない。蜘蛛であることがあの蜘蛛の巣を張る力であり，蜘蛛に固有の本性に従って，存在物のなかで蜘蛛であることへの固執を表現する仕方なのである。蜘蛛にとって，蜘蛛の巣は，蜘蛛から切り離された創造物ではない。それは，世界に投げ出された被造物ではない。それは国王の印璽でさえない。それは，蠅の民[6]のうえに立つ至高権力のしるしではない。天と地とのあいだで，蜘蛛の糸を整えて粘り強く獲物を待ちながら，ある個別的・限定的な仕方で，蜘蛛が生き，また生き続けている限り，蜘蛛の糸というこの生産物はまさしく，その存在そのものである。

したがって，人それぞれに能力あり，特有の適性いくつもありで，それらはおのおのの生命そのものである。そして，神の全能でさえも，そのように理解されなければならない。それは，ひとりの国王の至高権のようなものでなく，あるいは，多産な芸術家の創造性のようなものでもない。それは，絶対にまで高められた力として理解されなければならない。それは，存在するためには，おのれ自身にしか頼らない。だから，おのおのの事物の本質を理解するためには，抽象的なもの，限定されないものに負けないように注意しながら，神的な力の理解から始めなければならない。共通する同じ歩み，同じ声で，その力を人間と動物に押しつける詩人にして王たるオルペウス，退場せよ。

別の公理

スピノザは，几帳面に，たやすさと難しさというこれらの多義的な概念に立ち戻っている。たとえば，彼の見立てでは，人間はまずもっともたやすいものを大いに苦労して鍛えあげなければならなかった。それから，他のもっと難しいものを製作するために，それらを役立てたが，ただし，その際，人間はますます容易に，ますます高い完成度でもっと難しいものを製作したのである[7]。したがって，たやすさと難しさは，異なるさまざまな存在に関係しているばかりでなく，個体の進化段階に即して，唯一で同一の個体にも関係しているのである。天から理想の方法

第 1 話　蜘　蛛

を受け取るのを待つようなことはしないでおこう。鍛えあげることを通じて，鍛冶職人ばかりか，鉄槌も，鉄床(かなとこ)も，苦労して仕上げられるのである。

　そのうえ，間違って信じられていることもある。速く，あるいはたやすくできあがるものは，たやすく滅ぶが，その一方で，より多くの実在性や完全さを含むものは，生産するのがよりむずかしいのではないか，というのである[8]。すべては，労働者の能力にかかっている。また，労働者の能力は，作品そのものの段階にも関係している。手先で仕上げる何かある作品，あるいは，なんらかの精神的な作品を一度でも制作したことのある人はだれでも，次のような点を見ることができたのである。すなわち，作品の精神のなかで，作品が一段と鮮明に姿を現わすにつれて，彼のうちに作品自身の力が吹きこまれ，ついにはいわばひとりでに作品が組み立てられるまでに至るのである。

　こうなったときの難しさは，まだもし難しさについて語ることができるとすれば，無数の障害を乗り越えることにあるのではなくて，作品の存在が許され，作品自身の力が自由に行使されるようにすることにある。デカルトのどうとでもとれる公理に代わって，スピノザは別の公理を置く。ある事物の本性に実在性が帰属すれば帰属するほど，それだけ多く，事物は存在する力をみずからのうちに持つ。このようなやりかたをすれば，とても簡単に神の存在は証明される。すなわち，定義上，神は絶対に無限であるから，神は存在するための絶対的な力を持っている。したがって，神は絶対的に存在するのである[9]。そして，この点が世間の人びとにとって，ただちに明白ではないのであれば——もしこの明証性が難解な明証性にとどまっているのであれば——，それは，理解力がいくつかの先入見とぶつかっているからなのである。最速でそれを追いかけて，捕まえなければならない。　　　　　　　　　　　　　　◆

「ある事物の本性に実在性が
帰属すれば帰属するほど,

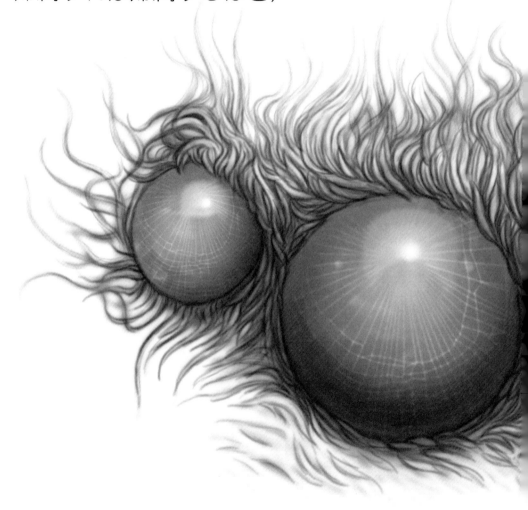

それだけ多く，事物は存在する力を
みずからのうちに持つ。

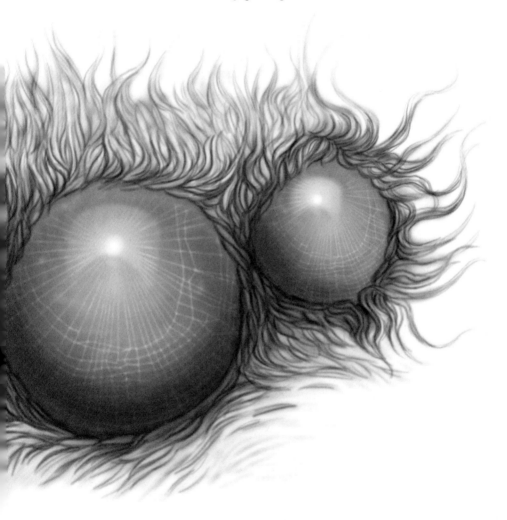

第2話

二匹の犬

全能の神の力

　神の完全性を理解しようとして、人間たちは、自分たちのうちに見つけ出していた最高に完全なもの、つまり知性と意志を神に付与しなければならないと信じ込んでしまった。すなわち、われわれのなかでは限界づけられているこれらの能力は、神のうちでは無限だろうというのである。神様はすべてのものをご覧になり——すべてのものを理解なさり——、そしてすべてのことがおできになる。神は全能であらせられる。

　しかし、この全能という点については、とてもおかしな、もっと間近で見れば馬鹿げてさえいる考えを人間たちは抱いている。実際、彼らは、神の力のうちに収められているものが、神にとってたとえとてもよいものに思えても、それを実現するのを神は差し控えることができたと想像しているのである。人間たちは、神がみずからの知性に含まれているものすべてを実現したとしたら、神の完全性と全能性を破壊してしまうと信じ込んでいた。だから彼らは、神は無数の事柄について考えがあるのだけれども、そのなかには実在するようにしないものもあるということを認めざるをえなくなっている。言い換えると彼らは、神の力を、するのかしないのかを自由に決められる力として想像し、するのを控えて、しなかったことができれば——さらに、自分の命令を思うままに修正して、それが自由にできれば——できるほど、それだけ神の力は偉大になり、完全になると判断しているということである。

　スピノザは、一直線に進み、ごまかさない。自分の力のうちにあるものをやるのを差し控えることができるなどという発言は、まったくもって神の全能性を否定するに等しい、と彼は言う。「実際、人間たちは、神が無限に多くの創造可能なものを認識しながら、しかもなお、けっしてそれらを創造することができなかったということを認めざるをえなくなっている。言い換えると、もし神が認識するものすべてを創造するとしたら、彼らの見解によれば、神は自己

第 2 話　二匹の犬

の能力全体を使い果たし，不完全なものになるからというのである。したがって，彼らは，神の完全性を確定しようとして，同時に，神が自己の力の及ぶ事柄すべてをやれるわけではない点を認めざるをえなくなるのだが，およそいかなる仮定にしても，これ以上不条理な，あるいは，これ以上神の全能と矛盾するものを私は知らないのである」[1]。無限の力だというのに，どうやってそれ自身を限定すればいい？　自分の力が及んでいるすべてをやるのに，どうやって全能の神が自分を無能にできるだろうか？　力は無限だから，全能性が枯渇する恐れはない。力が無限なればこそ，可能であるものすべてを力は産出し，なにひとつ残さず，なにものもとっておかず，自分から引っ込みもしない。自由とは自粛ではなく，産出である。脅しではなく，充足である。もっとできるのに，あまりしないでいられるということではなく，外部からの抑制がないということである。やれるすべてを全能の神が実現するのをなにものも妨げることはできない。それだから，全能の神は，まったき必然性とまったき自由のうちでそれをなすのである。

擬人神観

　しかし，この不条理さが発生してくる原因に戻ろう。結局，神の全能性を否定する羽目に陥ってしまうのは，人間から出発して神を定義できると信じこんでしまったからなのだ。実際，知性が示すいくつかの選択肢のあいだで，どれかを好き勝手に選択するような自由意志に恵まれた人間を，人びとは，まず，想像する。最初の幻想である。この幻想は，われわれを決定するもろもろの原因に関する無知から引き起こされる。この幻想が神に投影されるとき，人間は，紛れもない妄言綺語に行き着くのだとスピノザは言う。というのも，神的本性に，ひとつの知性とひとつの意志を人間が授けようと望もうものなら，万物に先立つ神的知性は，われわれの知性のような，創造された知性に似せようとしても似せられないことをも認めなけ

ればならなくなるからである。神の知性は、神が構想する事物の原因だから、それは必然的に、神の意志と区別できないものとなろう。そうなると、当然、「神の知性と意志は、われわれの知性と意志からは、天と地ほど異なっていなければならないだろうし、両者のあいだでは、名前以外に一致することはできないことになろう。あたかもそれは、星座の犬と吠える動物である犬とがお互いに一致しているようなものである」[2] とスピノザは書く。

変身した犬と同名異義の犬が吠える

遠くからやってくる奇妙な比喩だ……。おおいぬ座は、全天でもっとも明るく輝いている星〔シリウス〕を含んでいる。そのおおいぬ座は、登録されている星座のなかでは、一番古いもののひとつである。どうしてこの「おおいぬ」という名前になったのか。伝説は多種多様に行き交っている。それは、兎を追いかけるオリオン[3] の犬か？ それともアクタイオン[4] の犬か、プロクリス[5] の犬か、はたまたイカロス[6] の犬か？

しかし、とりわけて、どんな関係が星座と動物のあいだにあるというのか？ とても曖昧な類似しかないが、しかし、結局……オウィディウス[7] がすでに打ち明けていた。おおいぬ座が夜空に出てきたときに、犬を生け贄に捧げるという習慣は、同じ名前を持つことの不運に由来する[8]、と。アリストテレスもすでにこの例を使って、同名異義の威力を暴いている[9]。そして中世の神学者たちは、類比の限界を示し、否定神学[10] の頂点を画すために、この例をふたたび取りあげた。否定神学は、見たように、人間のさまざまな性質を神のものだとしたときに成立するが、しかし擬人神観を拒もうとするから、人間には最終的にそれらのどれも肯定的には認識できないというやり方を採用する。そこから、否定神学という名前が出てくる。それは、神的超越性を守ることであると見なされている。たとえば、神が知性を持っているとは言える。しかし、知性と言っても、われ

われよりはるかに上位にあり、はるかに優秀な知性であって、現実には、それは完全にわれわれの枠に収まらないあるなにかを指示するための口の利き方にすぎないのである。類比（人間が動物に対するのは、神が被造物に対するのに等しい）は、多義性（神がなんであるかは、人間がなんであるかとは別の意味で語られる）へと通じている。

もっとも一貫した神学者たちは、そこから、神的能力とわれわれの能力のあいだには、ひとつの同名異義的関係しか存在しないと結論づけた。たとえば、中世のユダヤ教神学者マイモニデス[11]が書いたように、神の知性と意志は、われわれの知性と意志とのあいだに、おおいぬ座と吠える動物である犬との関係と同じ関係しかない。もっともありきたりな言葉を使えば、神の命令は測りがたし、神慮はわからない。わかろうとしてはいけない、従わなければならない。神の意志は成就した！

どんな知性も深いところでは同一である

スピノザがこの古い犬の類比を反芻するのは、たしかにマイモニデスが正しいとするためではない。むしろこの類比を成就させるためである。つまり、この類比を純粋な声ノ息[12]に解消するためである——口から出る吠え声だ。神の知性とわれわれの知性とで、共通点などまったくないのであれば、両方の知性を同一の名詞で指示するのは、単刀直入に語ってなにも言わないでおこうとするに等しい。ところで、この点はだれしも認めている。すなわち、神は真理を認識している。神は真理である。まったくもって、われわれの知性が神の知性と全面的に異なるのであれば、われわれにはなにも真理として知ることはできない……。反対に、もし真理がわれわれの手の届くところにあれば——そしてスピノザはこの点に確信を持っているが——われわれの知性から神の知性を隔てる「天の空間全体を」大急ぎで縮小しなければならない。

それは簡単きわまりない仕事である。神的知性を神の本性の属性のうちに分類するのではなく，神によって作り出された事物のうちに分類すれば十分なのである。スピノザ主義の用語法では，神の知性と意志は，（無限の）様態であって，実体の属性ではない。したがって，神はその知性のなかで，事物を可能なものとして見なし，かつ選んだのちに，事物を創造するのではない。神は，自分自身の知性を産出するのである。すなわち，神は事物を産出するのと同じ歩みで事物の観念を産出する。意志の自由によってではなく（なぜなら，意志もまた産出されるのだから），神の本性の純粋な必然性によって，あるいは全能性によって。神は神の本性の必然性だけから存在する。そして神が産出したものはすべて，同じようにして存在するのである。

したがって，神の知性とわれわれの知性とのあいだには，もはや根本的な相違は存在しない。われわれの知性は，無限知性の一部（有限）にほかならない。したがって，どのような類比も，どのような同名異義も，どのような多義性もなく，純粋な同一性がある。たしかに，われわれは無限知性の一部にしかすぎないので，全体を理解することはない。にもかかわらず，われわれが真理のうちになんらかの事物を理解するとき，われわれは，神自身がそれを理解したのと正確に同じように，それを理解する。神の知性は，人間の知性と同じ意味で独語しているはずである。神においてのように人間においても，同じく意志ははっきりと知性とひとつのものになっている。

自然の吠え声
類比の雲を払いのけ，同名異義の風を追い散らせ。神の精神は境界に閉じ込められはしない。天空の犬を口笛で呼んでみよう。犬はわれわれに向かって吠えるだろう。　　　　　　　　　　◆

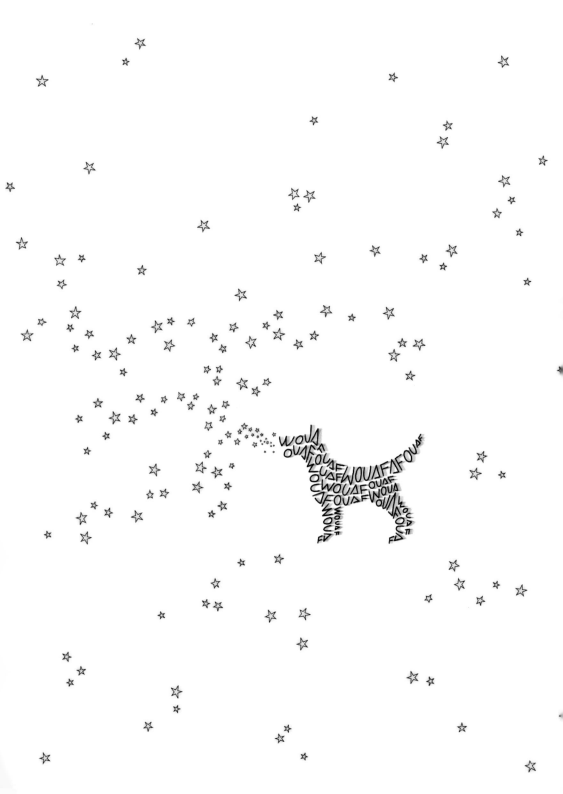

スピノザと動物たち

24

第3話

人間，ロバ，象

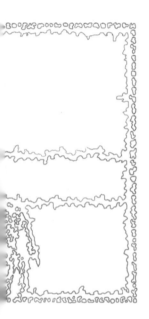

「哲学者として語る際には，神学の言葉遣いをしてはなりません。実際，神学は，しばしば不用意にも，神を完全な人間として表現しています。神学では，神はいろいろな欲を持っているとか，神は悪人の所業を嘆き悲しんでいるとか，善人の行ないは神を喜ばせるとかと言うことがもっともだとされています。しかし，人間を完全なものにする諸属性を神に付与するのは，象とか，ロバとかを完全なものにする諸属性を人間に与えるのと同様，哲学においては認められないことがわれわれに明瞭にわかってしまうとすぐに，こうした語り方とそれに類したすべての表現を使うのは，もはや不適切だということになります。また，そうしたやり方をとると，必ず最大の混乱に陥ってしまわずにはおれません。ですから，哲学者として語る際には，神がなにかをだれかに期待するとか，なにかに関して悲しむとか，喜びを味わうとかというようなことをけっして口にはできないのです。と言いますのも，こうした存在様式は，人間的属性であり，それらは神のうちには見出せないからです。」[1]

　神は絶対的で，無限の存在だから，神の外部にはなにもないので，外部にあるなにかから神が影響されることなど，そもそもありえない話である。したがって，神はだれも憎まないし，だれも愛さない。われわれの行動を喜びもしないし，怒りもしない。人間的情念（あるいは人間的でなくとも）を神のものと見なすのは，全体と部分との混同である。　◆

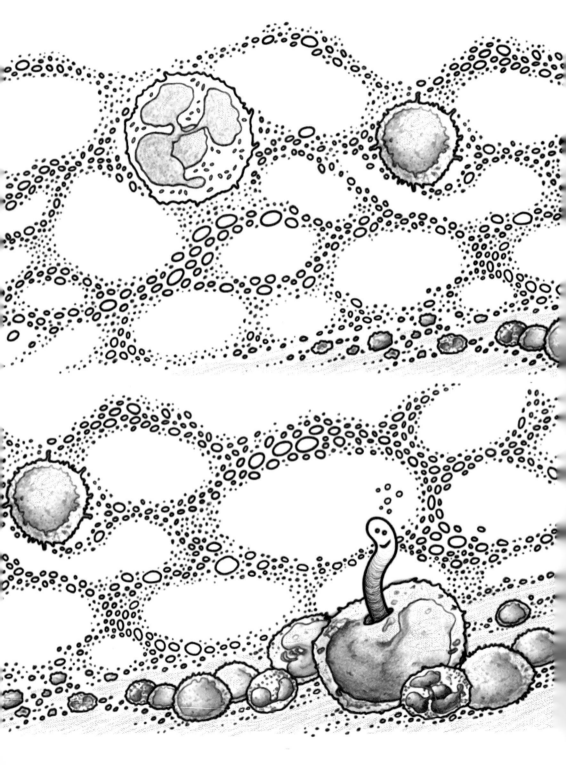

第4話

血のなかにいる虫

27

虫のたとえ

「いまわれわれは，血液のなかに一匹の小さな虫が住んでいると想像しましょう。この虫は，血やリンパなどの粒子を見分ける能力を持ち，また，おのおのの粒子が他の粒子との衝突によって，あるいは反発したり，あるいはこれに自分の運動の一部分を伝えたりすること等々を観察するという分別力を持っているとしましょう」。

血液中に生きているこの虫にとっては，血液なるものは存在しない。「この虫は，ちょうどわれわれが宇宙の或る定まった部分に住んでいるようにして，この血液のなかに住んでいることでしょう。そして血液の各粒子を部分ではなく，全体だとして考察するでしょう。けれどもこの虫には，すべての部分が血液の一般的本性によって規定され，血液の一般的本性そのものが要求するとおりに，すべての部分が相互に適合するように強制されて，一定の仕方で互いに調和するようになっている点は知りえないでしょう」[1]。

全体——原因——の認識に到達するには，恒常的関係——諸結果——を観察するだけでは十分ではない。さらに，この全体がどのようにしてその力を部分に押しつけているか，部分をどのようにしてその本性の諸法則に従わせているかを理解しなければならない。

宇宙の表面

宇宙のなかではわれわれも同じである。われわれは，宇宙の諸部分を本能的にきちんと区別している。空，大地，人間，なんやかやというふうに。しかし，それらすべてがひとつしかない全体をどのようにして形成しているかは，知らない。もっぱらこの理由——認識の欠如——から，われわれには，宇宙の諸部分が分離された諸本体を構成しているように思えるのである。そうした諸本体がどのようにして宇宙のなかで秩序だてられているのかがわからないために，それらが宇宙に混沌とか否定とかを引き入れて，宇宙と矛盾するようになっていると信じ込む始末なのである。

スピノザと動物たち

血の流れの外側にはなにも存在しないと，ちょっと想像してみよう。そうすると，乳糜[2]やリンパなどの運動のすべてがただ血液の本性だけから説明されるだろう。それらが血液の一部を構成しているからだ。血液は，それらに血液の法則を押しつけるに違いない。そして，血はいつでも同じ状態にとどまるだろう。一度もそれはこぼれないし，腐敗しないし，その諸部分は，血の本性のみから理解することができる変異以外の変異を，一度も経験しないだろう。

しかし，実際には，有機体それ自身も，ひとつの全体のなかの一部分にすぎない。そうした全体なしには有機体は存在しないし，その全体のおかげでそれは養分をとっているし，呼吸もしているし，いろいろしているのだ。この有機体は，より小さい物体から成り立っている。こういう具合にして無限に進んでいき，オオヤマネコ[3]の目にも，それらを識別できないほどにまでなる[4]。もろもろの身体となると，今度は，より大きな全体を作り上げることができる。たとえば，政治社会を構成できる。それは，その部分を構成する市民に，一個の個体として自分の法則すなわち法律を押しつけている[5]。「そしてもしわれわれがこのようにして無限に先へ進むなら，全自然がひとつの個体であって，その部分，すなわちすべての物体が全体としての個体にはなんの変化もきたさずに，無限に多くの仕方で変化することをたやすく導き出せるだろう」[6]。

今度は，全体の外には，その全体を外から変えられるなにものももはや存在しないので，なんの変化もない。「しかし，宇宙の本性は血液の本性と異なり，有限ではなくて，絶対に無限ですから，宇宙の諸部分は，この無限の力の本性によって，無限の仕方で規定され，かつ無限の変化を蒙らなければなりません」[7]。だから，平和なときには人間の血は血管を循環し，戦争になると血が流れ出す，また血が輸血されたり，他のなにかから吸われたりするということもある。こういったことはみな，「宇宙全体の表面 (facies totius universi)」を変化させるだけで，「無限の仕方で変化しながらも，宇宙はつねに同じままなのです」[8]。

第4話　血のなかにいる虫

29

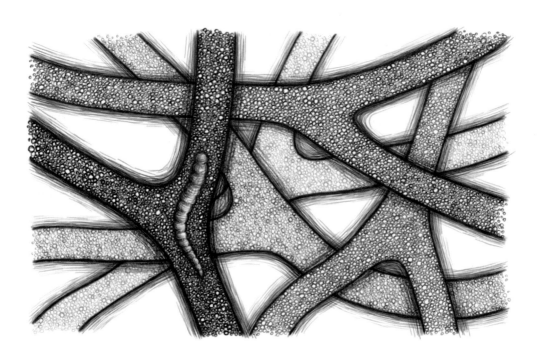

どんな欠点も裏面でしかない
　そこから、否定的な力は存在しないし、〈悪〉とか〈否定〉とか呼ばれるものは、宇宙のひとつのバリエーションにしかすぎないという結論が出てくる。血を腐らせる毒物は、諸部分を異なったふうに組み合わせているだけである。そして、〈全体〉の観点からは、どのような分解もみな、結局は再構成でしかない。分解される個物の観点から見れば、破壊は、外側からしかけっしてやってこない。「あらゆる事物は、自分のうちにある限り、自己の存在に固執しようと努める」[9]。それだから「だれ

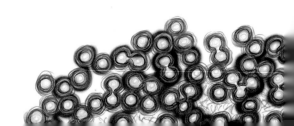

しも自分の本性に反する外部の原因に負かされるのでなければ,自分にとって有益なものを望むのを怠ったり,存在の自己保存を怠ったりはしない」[10]。にもかかわらず,まるで,血の粒子が血の本性とは反する新しい関係のなかに入ったときのように,あるいは,「身体の本性が別の本性を帯びるような形で,知られざる外部諸原因が想像力を整え,身体を刺激する」[11]ときのように,死が内部から生じるように見えるような異変が起こるかもしれない。

　スピノザ主義の虫は,詩人たちのなかの反駁できない〈かじり虫〉[12]ではないし,虚無からの小さな全権使節ではない。そうではなくて,それは半ば学者であり,部分的視野を持った専門家である。つまり,人間は大きな〈全体〉のなかに混乱を引き入れる力を持った「帝国中の帝国」[13]などではなく,自然の一部であり,多様な形ではあれ,いつでも自然の力にいろいろな形で従っているのだが,事物を曲解して,われわれがこの点を忘れているときには,この虫も,われわれと同じように〈全体〉になってしまうということである。　　　　　　　　　　　　◆

「あらゆる事物は，
自分のうちにある限り，
自己の存在に固執しようと努める」

第4話　血のなかにいる虫

31

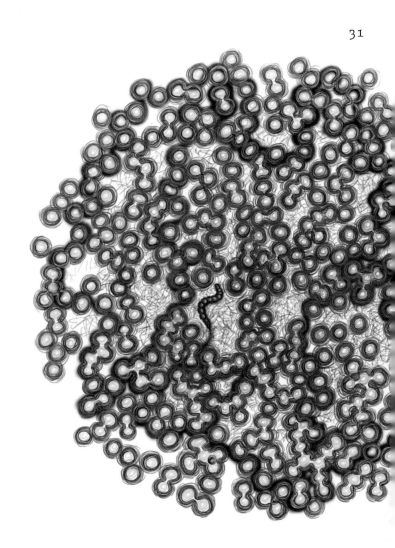

スピノザと動物たち

32

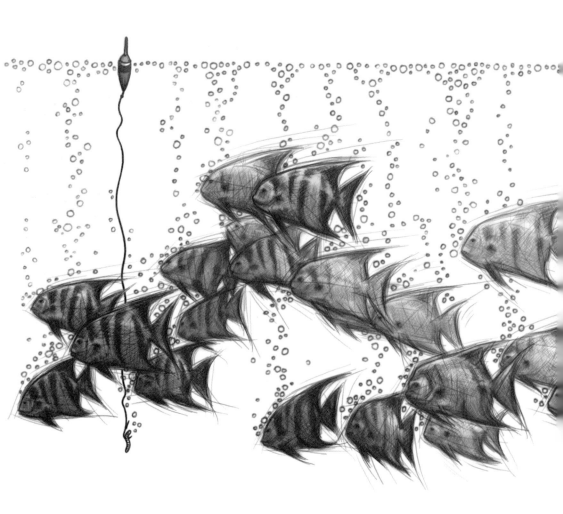

第5話
海の魚

素描(デッサン)は意図(デッサン)ではない

　自然には外側というものがない。自然はどのような内奥をも偽らないし，あるいは象徴化もしない。自然は，ひとつの計画の実現ではなく，事前企画の実現でもなく，良い意図の実現でも，悪い意図の実現でもない。自然は，だれかに喜んでもらおうとして作られているものではない。「まずご注意申し上げたい。私は，美しさも醜さも，秩序も混乱も，自然には認めていません」[1]。

　とはいえ，人間は，自分たちに有益なものを求めるという考えに凝り固まっているから，自然も自分たちと同じことをしているし，すべてのもの，そして世界そのものさえ，ひとつの目的のために創造されたと勝手に思い込んでいる。だから人間は，自然の事物のなかに有用性を見いだせれば，それだけで，十分な説明をしたと信じ込んでしまう。「なぜ」という疑問は，「なんのために」という疑問として人間は理解する。どうして目はあるの？　見るためさ。どうしてお日さまがあるの？　われわれを照らすためさ。どうして動物たちがいるの？　われわれに食べものを与えるためさ。では，海は？「魚を養うため」[2]さ。

　ここから，神についての，まったく同じくらい子供っぽいイメージが出てくる。自然のなかのすべてのものは，俺たちのために作られたのだろうな。——でもだれが作ったの？　俺たちではないさ。だから，上位のものをひとつ，ないし複数，想像しなければならない。それ，もしくはそれらがわれわれのために，すべてを作った。でも，どんな目的で？　これらの上位にある存在物についてなにひとつ知らない人間は，自分たち自身にかかわって知られていたものをそれらに投影する以外に，選択肢を持たなかった。ひとりの人間が他の人間に奉仕しているときには，一般に，それは感謝を手に入れるためである。これらの上位の諸存在物が自然をわれわれの便益のために置いたのは，自然崇拝を受け取るためである。

　そして，以上のような次第で，神学者たちはそこから，宇宙の原因あるいは最高理由は，神の栄光のためなり，と布告するまでに至ったのである。

スピノザと動物たち

　中世には，この常軌を逸した目的原因説から，文学的，詩的，教育的ジャンルが生まれた。〈動物図像集〉がそれだ。
　美しい挿絵が入ったこれらの作品のなかで，実際に存在する動物や空想上の動物が神の摂理を図解し，神の言葉を人間に伝えている。謹聴したまえ，たとえば，有名なバルトロメウ・アングリカス[3]を。「動物が創造されたのは，食物に関して人間の便益に供するためばかりではない。薬品を人間に提供するためにも，動物は創造されたのだ。ある種の動物，たとえば，馬やラクダやその同類たちのような動物は，われわれを助けにやって来るように，われわれに与えられたのだ。他の動物は，猿や犬や他の幾種類もの動物のように，われわれの楽しみのためにわれわれに下されたのだ。また，他の動物は，われわれの腐敗から発生するノミや，その他シラミ，ダニのたぐいのように，われわれのもろさをわれわれが意識するようにと，われわれに下されたのだ。他の動物は，神とその力を怖がらせる。たとえば，獅子，熊，蛇などの動物には恐怖を感じるから，われわれは，そのおかげで神を恐れ，神の加護を祈るようになるのだ」。
……

第 5 話　海の魚

　まったくのインチキ——「自然を完全にひっくり返す」[4]から——であるにもかかわらず，この目的原因説には，美なるものがちゃんとあり，見事なレイアウトを人間に生み出させる力さえあるかもしれない。難点は，礼拝の中身だ。それはどんなものからできていればいいのか？　これら上位の諸存在についてなにも知らないので，だれもが，自分自身の好みを神にまたもや用意する。「そのことから，だれしも，神が自分を他の人びと以上に愛し，自然全体を自分の盲目的欲望と飽くことなき貪欲に役立つようにしてくれればと，神礼拝のいろいろな様式を，自分の性情にもとづいて案出した」[5]。
　そのとき，神に選ばれし者なりと主張しただれもが，他の人びとを神に見放された者だと主張するから，先入見が「迷信に堕した」[6]とスピノザは言う。たとえば，ヘブライ人はこんな想像をしていた。「神が選んだ土地が存在する地域は，特別な礼拝を要求しており」，ヘブライ人に先行していたアッシリア[7]の民は，「この土地の神々への礼拝を知らなかったので，獅子に八つ裂きにされてしまった」[8]というのである。
　迷信は，悪が楯突くことに対してこんなふうに答える——すべてがわれわれのためにできているんなら，自然のなかにある，われわれを害するありとあらゆるものについてはどう説明するんだ？　答え——礼拝で

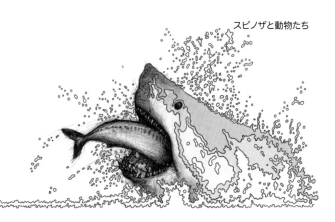

スピノザと動物たち

あやまちを犯しているから、神々がわれわれを罰しているんだ。

　経験は、不敬虔な輩にも敬虔な人間にも同じように自然の大災害が襲来しているのを示して、毎日異議を唱えているにもかかわらず、「そうした事実を、彼らにとってはなんの効用があるのかわからないもろもろの知られざる事柄のうちに数え入れ、このようにして、彼らの現にある生まれながらの無知状態にとどまるほうが、この建物の全体をこわして新しい造りの建物を考案するよりも容易だったのである。だから彼らは、神々の判断力が人間の把握力をはるかに凌駕すると公言してはばからなかった。こうしたわけで、目的に関係せず、それのみか、図形の本質と特性だけにしか関係しない数学が人間に別の真理基準を示さなかったとしたら、これだけでも真理は永遠に人類に隠されてしまったことであろう」[9]。

自然権

　自然法（droit naturel）[10]の説明とともに、魚たちがまた突然現われる。自然法とは、あるひとつの存在物の本性（nature）から派生するもろもろの規範である。言い換えると、自然（nature）が自分の臣下に対して制定した事柄である。通常、人間たちが法制度を決め、判断するために参照するのは、この自然法なのである（それは積極的な意味では、権利（droit）である）。たとえば、「人権」（droits de l'homme）は、人間の本性そのものに書き込まれていると想定されている。それらは、人間たちがなにをなす権利を持っているか——あるいは持つとされるべきであるか——を言い表しているばかりでなく、とりわけ、人間の諸制度が人間たちに認めなければならないすべての事柄、要求する権利が人間たちにあるすべての事柄を言い表している。伝統的に自然権は目的から定義される（たとえば、人間は本性からして自由を目的としているはずだ）。こ

第 5 話　海の魚

の究極目的が実現されていないとき，人間は，権利（そして諸義務）の面を事実の面に突きつける。人間が作りあげた虚構のなかに諸目的を追いやっているような秩序にあっては，権利はどうなるのか？

　「自然の権利と制度という言葉を，私は各個体の本性の諸規則そのものと解する。この諸規則にのっとって，われわれは，各個体が正確な仕方で存在し行動するように，自然によって決定されていると考える。たとえば，魚は泳ぐように，また，大きな魚が小さな魚を食べるように，最高の自然権で，自然から決定されている」[11]。

　神はあらゆる事物に対して最高の権利を持ち，最高権力を持っているし，それに各個体は，あるやり方で様態化された神そのものであるので，「そこから，各個体はその力のうちにあることに対して最高の権利を有するということ，すなわち，各個体の権利は，そのものの特定された力が及ぶところまで及ぶということが帰結される」[12]。

　ある個体の本性とは，その個体が持つ力のことである。そこから，いくつかの結果が必然性をもって生じるが，それはちょうど，同じ必然性をもって，円ないし三角形の諸性質がその本質から出てくるようなものである。したがって，個体がすることのすべては，個体がすることができることであり，したがって，個体はそのことに権利を持っているのである。もし獅子が私を食べることができるのであれば，獅子は当然，私を食べる権利を持つし，私が獅子を殺すことができるのであれば，当然，私は獅子を殺す権利を持っている。口約束が与えられても，私になにかを約束したことにはならない。私が約束を破る力を保持してきた限りでだが，そうするのがよいと判断する場合には，私は約束を破る権利を持っている。力ではない権利などは，言葉以外のなにものでもない[13]。

　道徳的世界観によると，権利は，ひとつの目的から定義される。善と

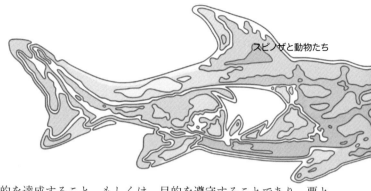

は，目的を達成すること，もしくは，目的を遵守することであり，悪とは，目的から離れることである。道徳的世界観は退場。なにものも反本性すなわち反自然ではない。存在するすべてのものは，神の力の断片であり，あるがままの姿であることには，おのおのの正当性がある。

倫理学と政治

したがって，自然状態から法治国家まで，いささかも断絶がなく，連続性がある[14]。最高権力者がわれわれに命令する権利を持っていると語るのは，結局，単純に言えば，われわれが事実において最高権力者に従っていると語るに等しい。もしわれわれが最高権力者に従うのをやめれば，もはや，彼は最高権力者ではない[15]。政治権力の正当性とは，政治権力が諸個人から獲得することに成功した同意によって，つねに自己を保存し，つねに自己を再生産する能力にほかならない。また，この同意こそが政治権力をあるがままの状態で存続させている原因なのである。したがって，支配者がやっていることが支配者の持っている権利なのであるから，政治的な問題とは，支配者が法に従っているか，あるいは従っていないか，どちらなのかを知るという問題ではない。そうではなくて，支配者がどのようにして自分の力あるいは自分の権利を保持し，増大させ，そして，内部からであれ外部からであれ，反対勢力にいかにあらがっているかを知るという問題なのである。

そして，この問題は倫理学の問題でもあるのだ。個人の本性あるいは力が与えられたとして，いったいなにがそれを保ち続けたり，増大させたりできるのか？　それを抑圧したり，減少させたりできるのか？　外部的な諸本性に強制されて個人が行動させられるよりも，むしろ，個人がみずから自身の本性の諸法則に応じてできる限りの行動に出るようにするには，どうすればいい？

第6話

天使とネズミ

われわれは獣そっくりなのですか？

　人間は，他のすべての動物のように，自然の一部を構成している。人間は「帝国中の帝国」ではない。したがって，人間はなにをしようと，そうするように行動することを他人と同じく決定されている。そして，人間がなにをしようが，それをする力を持っている以上は，それをする権利を持っている。「ここでわれわれは，人間と自然の他の個体とのあいだにも，理性に恵まれた人間と真の理性を知らない他の人間とのあいだにも，狂った人間と譫妄状態の人間と分別のある人間のあいだにも，なんの相違も認めない。実際，各人あるいは各個体は，その本性の決定に従って行動し，それとは違ったふうに行動できないのだから，みずからの本性の法則に従ってやっているすべてのことを，最高の権利を持ってやっているのである」[1]。これがまさにスピノザの同時代人から大ひんしゅくを買い，事実上，道徳をすっかりひっくり返してしまう絶対的自然主義という考え方なのである。もし，すべてのことが必然的であるなら，善と悪，功績と過ちのうちでなにが残るだろうか？「それでは，全世界は永遠の絶えざる混乱に入ってしまうことになり，われわれ人間は獣と同じことになってしまうでしょうに！」[2]とウィレム・ブレイエンベルフ[3]は不安におびえている。

　人間と獣のこの同一視には，スピノザを激しくいらつかせる超能力がある。私がいったいどこで，われわれ人間が動物とそっくりだなんて言ったというのか？と彼は激高して答える。しかしながら，ブレイエンベルフの困惑も理解できる。たしかにわれわれは，動物と同じように，これ以上ないほど絶対的な決定論に従わされている。しかしわれわれは，動物として，そうさせられているのではない。

善人と悪人

　すべては，神の永遠の法則と命令から出てきており，それに依存しているとスピノザは答える。「善人の行ない」は，「悪人の行ないやあらゆる存在物の行ない」と同じであるとはいえ，「にもかかわらずそれらの

仕事は，たんに程度においてばかりではなく，本質においても相違しているということです。ネズミは，天使と同様に神に依存し，悲しみは，喜びと同様に神に依存していますが，それにもかかわらず，それでもやはりネズミは天使の種類に入れず，悲しみは喜びの種類に入れません」[4]。

すべてのものが神に依存する。そしてこの意味で，すべてのものは完全だし，どれひとつとして神の秩序に反する方向に進むことはない。しかしそれでも，現実世界の完全性には度合いがあることに変わりはない[5]。だから，存在物には位階秩序がある。「善人は悪人と比較にならないほどの完全性を持ちますから，彼らの徳は，悪人の徳と比較されるわけにはいきません」[6]。

しかしこうした見解は，ブレイエンベルフの不安を強めるだけである。良き行ないをする人間と悪人とのあいだには，天使とネズミのあいだと同じほどの違いがあるのなら，悪人という状態から善行の人士という状態へ移ること——「われわれの行ないで，みずからをより完全なものにしてゆくこと」[7]——は，ネズミの身分から天使の身分へと移っていくのと同じくらいできない相談だと結論づけてはいけないのだろうか？ だれもがその本質そのものから，ある固定された度合いの力に定められており，そこから永遠に抜け出せないのではなかろうか？ 人間は，ある者がネズミで，他の者が天使という具合に生まれつき，そして未来永劫こういう定めではないのか？ 自然主義は宿命論なのか？

力のバリエーション

後半の類推に注意を向けてみると，これほど当てにならないものはないのである。さしあたり，善人と悪人のあいだには喜びと悲しみのあいだにあるのと同じくらいの相違がある。ところが，『エチカ』は，喜びを

第6話　天使とネズミ

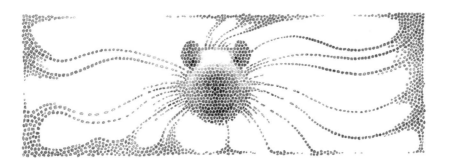

より大きな完全性（あるいは力）への移行として正確に定義し，悲しみをより小さな完全性への移行として正確に定義している[8]。もろもろの本質は，定まった完成度に釘付けになっているわけではない。人間にとって，より高い完成度へ移行すること，それは悲しみを追い出し，喜びを勝ち取ることを意味する。したがって，本質的な道徳的相違はそこにある。過ちと功績とのあいだには道徳的相違はなく，喜びと悲しみとのあいだにそれがある。喜ばせるものは善であり，悲しませるものは悪である。

　あらゆる存在物は，つねに存在することができるもののすべてである。しかしこの力は，さまざまなバリエーションを知っていて，変革は必然性と両立できる。人間本性は，ひとつで，いたるところで同じである。しかしそうは言っても，より力強い人間本性がありうるし，より力が弱い人間本性もありうるということに変わりはないし，自分の情念を乗り越える力を持つ人間と，情念に比べてより弱い人間とのあいだに大きな相違があることにも変わりはない。これが哲学の任務である。つまり，人間本性を知り，それを完成する道筋を探すこと，これである。

　ブレイエンベルフが望んでいたことかもしれないが，人間の行ないに即して，出来の良い人間と悪い人間という具合に人間を評価することなど，もはや問題ではない。そうではなくて，めいめいの力を完成すること，言い換えると，いろいろな悲しい情動を喜びという情動へ変えることが問題である。人間を天使と獣とのあいだのどこかに位置づけることで定義したり，これら二つの混合物として定義したりしてはならない。そうではなくて，もっとも低い度合い──全面的な悲しさ，あるいは憂鬱──からもっとも高い度合い──永遠の喜び，または至福──までの人間の力の幅を測ることで人間を定義しなければならない。　　　◆

第7話

翼のある馬の観念

観念はイラストではない
　この本は，イラストでスピノザの諸観念を表示しようと努力しているが，それにもかかわらず，イラストと観念を混同しないように気をつけなければならない。
　私は翼のある馬を想像している。だけれども，私の前に，本当に，そこにそのような馬がいると私も思っているわけではない！　私には，それが虚構であることがよくわかっている。だから，次の二つの能力が区別されるのが普通だ。ひとつは知性で，それは肯定も否定もせずに，観念を思い浮かべる。そして，もうひとつは意志である。それは，観念が本当か嘘かを判断する。したがって，誤りは観念のほうにはなく，あまりに判断を急ぎすぎるわれわれの意志のほうにありそうだ。
　以上は根拠のない区別である。観念は，額縁のなかで，黙って判断を待っている絵画のようなものではない。「実際，翼のある馬を知覚するということは，馬について，それが翼を持っていることを肯定することでないとすると，一体なんであろうか？　精神が，もし翼のある馬のほかになにものも知覚しなかったとしたら，精神は，それを現前するものとして考えるだろう。そして精神は，その存在を疑うためのいかなる理由も持たないだろうし，同意しないためのいかなる能力も持たないだろう。ただし，翼のある馬を想像することがこうした同じ馬の存在を排除するような観念と結びつけられている場合，あるいは，馬について抱く

第 7 話　翼のある馬の観念

43

観念が十全ではないと精神が知覚している場合は，その限りではない。その場合には，精神は，そのような馬の存在を必然的に否定するか，あるいは，それを疑うことになるか，どちらかだろう」[1]。
　われわれは，どうやって翼ある馬を疑うようになるのだろうか？　似たようなものを一度も見たことがなかったと考えるから疑うようになるのではない。というのも，世界旅行をやったわけでもないし，歴史をくまなく経巡ったわけでもないことぐらいは，とにかく理屈として並べ立てられるからだ。むしろ，われわれの馬と鳥の観念を突き詰めて考え，それらの本性が互いに共存しがたいと考えた場合に，疑うようになるわけだ。翼のある馬が虚構になってしまうのは，観念がいずれもみずからを肯定する傾きを持つから，いままで以上の力強さで反対のことを肯定するような，翼のある馬についての別の観念に既成の観念が巡り遭ったからなのである。しかし，二つの観念が力において等しければ，平衡状態（スタトゥス・クオ），つまり現状維持となるだろう。したがって，判断停止や懐疑は，否定したりあるいは肯定したりする自由な能力のあらわれではない。それは，異なる諸観念のあいだの力関係が引き起こす必然的な結果，つまり合力にすぎない。
　まとめておこう。すべての存在物と同様に，観念というものは，すべてそれ自体がある一定の度合いの力なのである。示さなければならない残りのことは，どうして真なる観念が偽なる観念よりも力強いのか，で

ある。

諸観念の工場

　偽なる観念は，われわれの精神の産物だろうね。真なる観念は，現実の単純な写しだろうね。ある観念が真であるかどうかを知ろうとすれば，元のものと観念とを比べてみるほかないだろうね。そこから，真理に対する虚構のある種の威光が出てくるんだ。真理のほうは現実の反映にしかすぎないのに，虚構のほうは造物主なみの競争相手となっているように思えるね。小説家の精神は，学者の精神よりも強し……だな。これは無邪気なことを言うものだ。だいたいどのような観念もみな精神の産物である。真なる観念も，偽なる観念も。しかし，真なる観念のほうが偽なる観念よりも，まだもっと精神の産物だと言える。というのも，偽なる観念は，真なる観念の断片から作られるからである。われわれは，翼のある馬を考え出せれば，自分たちがとても強くなった気がする。だが，どうしてそんな気がするんだ？　鳥からは翼を引きちぎり，それらを馬に貼り付けただけじゃないか。なんだ，それしきのことか！

　不確実な外部からの援助に頼りながら，偽なる観念は単なる貼り付け〔コラージュ〕から生まれる。われわれが馬の本性と鳥の本性を知れば知るほど，この種の観念を生み出す傾向は減っていくだろう。だからこそ，偽なる観念は，非常に早い速度で次々と興っては，次々と席を譲っていくのだ。反対に，真なる観念はそれ自体のうちに，それを生産するための理由の一切を含んでいるので，偽なる観念より限りなく力強い。だからそれは，けっして変化しないのである。そして，真なる観念を生み出すために，われわれには時間が必要であるとしても，真なる観念はそれ自体が永遠である。われわれの観念を検証するためには，なにもそれらを外部の現実と比較してみる必要はない（というのも，われわれの精神は，観念を使う以外に，一体どうやって現実に接近することができるのか，不思議だからである）。そうではなくて，われわれが考え出したものの永遠性を検証するためには，それらの力を算定するだけでよいのだ。

第 7 話　翼のある馬の観念

天翔る真なる観念

　スピノザは，われわれの作りあげる観念が真であるか偽であるかを知るために，ひとつのテストを提案する。その観念を，いわば両端に伸ばしてみよというのである。原因の側と結果の側にである。もし観念がその本性上偽であれば，実に速やかに矛盾に行き着くだろう。たとえば，鳥の翼は，馬に長く乗っているわけにはいかない。それが剝がれ落ちるのに時間はかからない。逆に「もし，虚構として想像された事柄が本性上真であり，精神がそれを理解しようとして注意をそれに向け，結果として生じる事柄を正しい順番で，そこから引き出し始めるなら，なんらの中断もなく，うまい具合に，精神は進んで行けるだろう。同様にいんちきな虚構については，知性がたちまちその不条理と，そこから引き出される別のもろもろの事柄の不条理を示してみせようと提案してきたことをわれわれは見たばかりである」[2]。
　真なる観念は，そのくめども尽きせぬ豊饒さで異彩を放っている。そこからは，「うまい具合に」いくらでも無限に結果と特性を引き出せる。したがって，真なる観念は，額縁のなかにじっと動かないでいる像というわけではない。そして，知性が人間に対するのは，翼が鳥に対するのと同じである[3]。だから，真なる観念は，天を翔る真のペガサスなのだ。

◆

第 8 話

キマイラ

想像力と理性

想像力による虚構は，ちぐはぐな本性同士を結びつけることから成り立つが，その際，どうしたら，それらを互いに一致させることができるかがわかっていない。こうした接着を可能にするのは，ただ混同，混乱だけである。「たとえば，人びとが森や影像や動物などのなかに神霊が住んでいる……などと信じ込むとき」[1]がそれである。虚構を作りあげる力は，事物の真の本性に関するわれわれの認識に反比例している。たとえば，神の真の本性を知れば，木や動物の姿でそれを想像することはできない。神だけをすっきりと想像せよと言われても，それすら不可能である。というのは，神は無限だからだ。

翼のある馬は，ぼんやりとなら結びつけられるかもしれない部品から組み立てられる。しかし，アリア[2]は，彼女のデッサンを少しばかり暗くしなければならなかったし，翼の高さでぼかしを入れて，翼をベールで包まなければならなかった……。

　羽根は，ここにあるように，正確さを欠くというわけではない。だれもが自分なりに想像力の状態に従って，そこに馬の羽根やしるし[3]を……見ようと，見まいと，勝手である。

キマイラ，言葉の上だけの存在物
しかし，アリアにはとうてい表現できないん
じゃないか，といまから言っておきたい。

「針の穴をくぐる象」[4]だ！

あるいは，もっとうまくやれるのは「無限大の蠅」[5]！

あるいは，手がつけられないのは「四角い円」……。

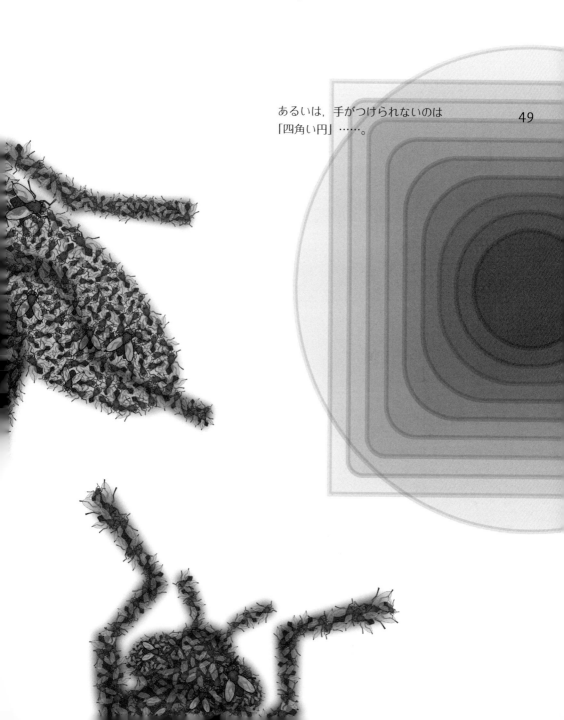

…… ［四角い霊魂］！

　いいぞ！　だが，デッサンを見てほしい。想像的なものに踏み込んでいくにつれて，ありえなさを避けようと，それらはますます言葉に頼っている。挙げ句の果ては，想像はもはや言葉でしかなくなる。たとえば，私には，詩人たちがするように「神々までが動物や人間に変化する」と語ったり，そうしたことを想像したりできるし，いくつかの教会もそうしているように，「無がなんらかの有になる」[6]と語ったり，想像したりできる。先ほど私は，ひとりの人間を想像していた。そして，そのあとで私は一匹の獣を想像し，この獣は先ほどまでは，人間であったと言う。しかし，変化についてはどのような明晰な観念も持ち合わせていないし，まったくもって，どのような観念さえも持ち合わせてはいない。それはただの言葉にすぎない。

第8話　キマイラ

「キマイラは，知性のうちにも想像力のうちにも存在しないから，適切にもこれを言葉上の存在物と名づけることができる。というのも，それは，言葉でしか表現しえないからである。たとえば言葉では四角い円と表現するが，しかし，どのようなやり方をしてもそれを想像することはできないし，ましてやそれを認識することなどできる相談ではない。このようなわけで，不可能なことというのは，まったく言葉でしかない」[7]。たとえば，微小な象とか，無限大の蠅とか，四角い円とかのように，本性そのもののなかに矛盾が含まれているようなものはありえないのであり，それは言語機能のひとつの結果を通じて存在するだけなのである。

真実を仮構する

フーゴー・ボクセル[8]は，スピノザに手紙を書き，幽霊が存在することを認めさせようとした。その論拠がおもしろい。彼は言う。われわれが知らないのに，存在している多数の事物がある。われわれは，幽霊についてまったく知らない。だから，幽霊は存在してるんだ！　哲学者は，迷信家たちのもっともらしい論証を確認する。「不条理への還元ではなく，無知への還元」[9]というやつだ。こんな推論にかかれば，「人馬，水蛇，女面鷲身，半人半山羊，グリュプス，百眼巨人，その他，荒唐無稽な想像力の産物のすべて」[10]の存在を，どれもうまく証明できるでしょうよ。

なるほど，とスピノザは付け加えて言う。もしあなたのおっしゃる幽霊どもについて，私が円とか三角形とかについて抱いているのと同じくらい明晰な観念を持っていれば，幽霊どもの存在について疑うことはしなかったでしょうに。

しかしそうすると，いったいどうやって明晰な観念は手に入れられるのだろうか。虚構のように，正確な手続きを踏んで，概念を作ってである──違いがあるのは，今回は，それが成功する！ということである。

円の観念を取りあげてみよう。古典的な定義ではこうなる。あらゆる点が中心から等しい距離にある図形。われわれに与えられているのは特

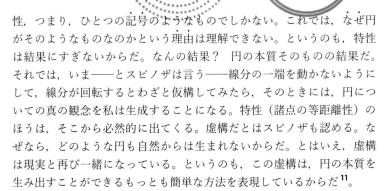

性，つまり、ひとつの記号のようなものでしかない。これでは、なぜ円がそのようなものなのかという理由は理解できない。というのも、特性は結果にすぎないからだ。なんの結果？　円の本質そのものの結果だ。それでは、いま——とスピノザは言う——線分の一端を動かないようにして、線分が回転するとわざと仮構してみたら、そのときには、円についての真の観念を私は生成することになる。特性（諸点の等距離性）のほうは、そこから必然的に出てくる。虚構だとはスピノザも認める。なぜなら、どのような円も自然からは生まれないからだ。とはいえ、虚構は現実と再び一緒になっている。というのも、この虚構は、円の本質を生み出すことができるもっとも簡単な方法を表現しているからだ[11]。

　注意しておこう。この生成は、その本質上、ある特別な時間にも、どんな時期にも起こるわけにはいかない。円に関する真の観念は、他のすべての真なる観念と同じく、永遠の真理なのである。

　そうなると今度は、変異がひとつの本質を別の本質と抽象的に取り換えるだけのことではないということがよくわかってくる。反対に、変異を引き起こす方式そのものが事物の本質を定義するということである。幾何学は、真の変異に関する科学である。真の変異とは、永遠の変異のことであり、それによって本質が、円の本質、神の本質、諸情動の本質が生成されるのである。つまり、このモデルどおりに、万物は産み出され、理解されるということである。たとえば、愛は、外部原因についての観念を中心としてその周りを回転する喜びなのである[12]。

妥当性

　虚偽とは、ある事物に関する概念のなかに存在しない特性を、当の事物について肯定することから成り立つ。馬なるものについて、翼があると主張すること、円なるものについて、角があると主張することがそれ

第 8 話　キマイラ

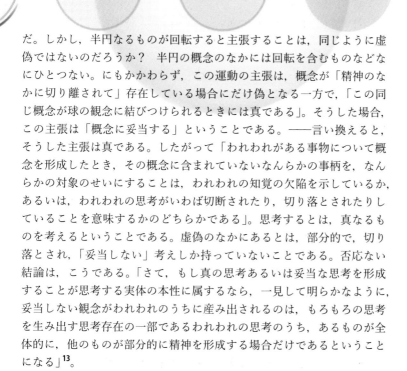

だ。しかし，半円なるものが回転すると主張することは，同じように虚偽ではないのだろうか？　半円の概念のなかには回転を含むものなどなにひとつない。にもかかわらず，この運動の主張は，概念が「精神のなかに切り離されて」存在している場合にだけ偽となる一方で，「この同じ概念が球の観念に結びつけられるときには真である」。そうした場合，この主張は「概念に妥当する」ということである。──言い換えると，そうした主張は真である。したがって「われわれがある事物について概念を形成したとき，その概念に含まれていないなんらかの事柄を，なんらかの対象のせいにすることは，われわれの知覚の欠陥を示しているか，あるいは，われわれの思考がいわば切断されたり，切り落とされたりしていることを意味するかのどちらかである」。思考するとは，真なるものを考えるということである。虚偽のなかにあるとは，部分的で，切り落とされ，「妥当しない」考えしか持っていないことである。否応ない結論は，こうである。「さて，もし真の思考あるいは妥当な思考を形成することが思考する実体の本性に属するなら，一見して明らかなように，妥当しない観念がわれわれのうちに産み出されるのは，もろもろの思考を生み出す思考存在の一部であるわれわれの思考のうち，あるものが全体的に，他のものが部分的に精神を形成する場合だけであるということになる」[13]。

　真理は，ある観念がその観念の対象である事物と適合しているかどうかで決定されるのではなく，考えられていることに主張されることが適合しているかどうかで決定される。真理とは，言葉とイメージにとらわれることなく，考えられている事柄だけを肯定することである。だからこの道をとおって，理解することというわれわれの精神の本性を自覚するということである。そして，理解すればするほど，われわれは神的本性の一翼を担うことになるのだ。　　　　　　　　　　　◆

第9話

驚 き

羊と哲学者

　世間ではこう言われている。哲学は驚きの娘だ。われわれを習慣のまどろみや愚かな言動から引き離してくれるのは，驚きだけだ。子供のように，なにごとも新しいと見るのは，知恵の頂点とは言わないまでも，知恵の始まりではある。

　しかし，スピノザにとっては，驚きは無知と先入見から生まれる。したがって，驚くと，そちらへ追い払われるだけである。「たとえば，尾の短い羊しか見たことのない人間は，尾の長いモロッコ産の羊を見て，驚きを感じる」。——ある百姓がいて，牛を見失ったので，牛を探しに行こうとして自分の土地を出たときに，世界にはとてもたくさんの畑があるのを発見して驚愕した。「そして，たしかに，同じような驚愕すべき出来事が多くの哲学者たちに起こっている。ほかの世界を見ていなかったから，彼らは，この小さな畑とか，彼らがいるこの小さな土くれまがいの狭い土地の外には，ほかの畑はないと確信してきた。しかし，真の結論を引き出す人間には，驚きなど存在しない」[1]。

　驚きは，偽りの結論から生まれる。偽りの結論は，驚きから生まれる。というのも，百姓が羊の観念を作るにあたっては，長い尻尾に驚く前に，まさしく短い尻尾の前に立ち止まる必要があったからだ。たとえば，「〈人間〉，〈馬〉，〈犬〉のような一般概念が」生まれてくるのは，「人間の身体が限定されているために，像を同時かつ明確に形作るとなると，ある一定数の像しか形作ることができないから」である。「もしその数が限界を超えると，すべての像は，相互にまったく混乱してしまうだろう」。こうした混乱からは，はっきりと他から区別されるしるししか取り出せない。われわれは，それを特殊な性格に仕立て上げてしまうのである——人それぞれに，いつもの驚きに応じてである。「たとえば，人間たちの背丈をもっとも頻繁に驚きをもって見詰める人びとは，人間という名詞を，直立した姿勢の動物と理解するだろう。別の事物を見詰める習慣を持つ人びとは，人間に関して，共通した別の像を形成するだろう。すなわち，人間とは笑うことができる動物である，羽根がなく二本

第 9 話　驚　き

55

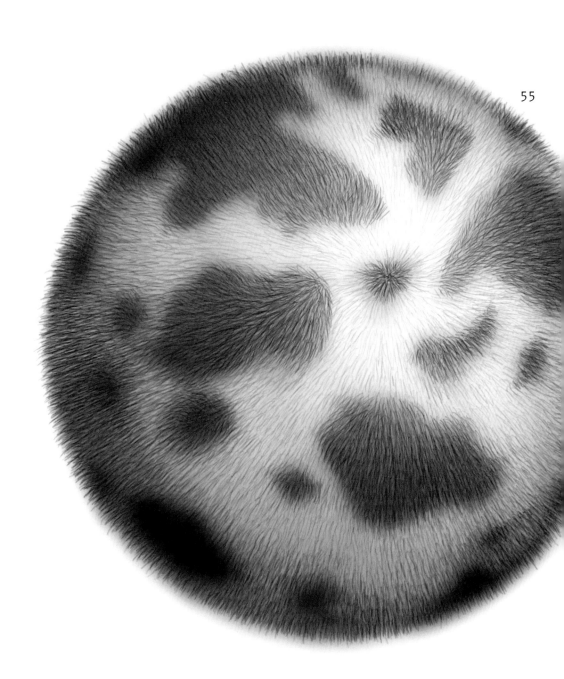

足の動物である，理性的動物である，などなどの像を形成するということである。そして，このようにして各自は，その他の事物についても，自分の身体の状態に応じて事物の一般像を形成するだろう」[2]。

スピノザはここで，人間を定義するにあたって，古代にとられたやり方を攻撃しているのである。哲学者たちの主流は，羊のような従順さで，それに盲従してきた。種による定義（動物）と特性の相違（理性，笑い，直立……）による定義である。背がひどく曲がった人間や両足のない人間についてはどうすればいい？　そして，とりわけ，理性を欠いた大群衆についてはどうすればいい？　規範の形で定義を打ち立てたり，こんな人間は人間本性に反し，自然一般に反しているんだと主張することしかもはや手はない……。悲しき哲学よ。

身体の観念

一般観念は想像力の管轄に属する。「もし，人間が瞬時に獣に変えられるなどとわれわれが言うなら，そうしたことは非常に一般的な仕方で言われるのである。だから，精神のなかにはどのような概念も，あるいはどのような観念もない。つまり，主語と述語のあいだにはどのような整合性もないということである」[3]。そして，アリストテレスの定義（理性的動物）がプラトンの定義（羽根のない二本足の動物）に劣らず妥当なものではない理由もここにある[4]。というのも，翼のある馬の方式で，霊魂と身体の結合を思い描く限り，ひとつの霊魂とひとつの肉体とを無理やりくっつけるだけで，霊魂と身体の結合について明晰ないかなる概念も持てないし，それゆえに，人間についても明晰な概念を持てないからだ。

スピノザは，この結合をその原因から，すなわち，霊魂の起源から説明しようとする。説明は，なにものにも増して，驚くべき事柄を含んでいる。それを述べようとするとき，スピノザは読者にこんな注意を与える。ここで読者は「戸惑いを感じる」恐れがある。だから彼は読者に，すべてを読み終えるまで，ゆっくりと自分についてきてほしいと頼んで

第9話　驚き

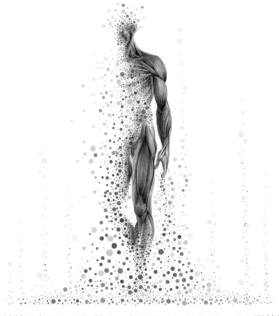

いる[5]。人間精神は無限なる知性の一部である。したがって人間精神は，それ自体がひとつの観念であり，神が持っている観念である。だから，「人間の霊魂があれこれの事柄を知覚する，と言うときには，われわれは，神が無限であるものとしてではなく，人間霊魂の本性から神が説明される限りにおいて，あるいは，神が霊魂を構成している限りにおいて，神があれこれの観念を持つということ以外にはなにも言っていないのである」[6]。

霊魂というこの観念の対象は，人間の身体である。実際，「われわれは，あるひとつの身体が多様な仕方で刺激されるのを感じる」[7]。

だから，霊魂もしくは精神は，身体の観念にほかならないし，それが最初に持つ観念は，身体の変状についての観念である。したがって，「人間霊魂が他の霊魂からどういう点で異なるかを知り，どういう点で他の霊魂に優るかを知るためには，まず，その対象を，つまり人間身体を認識することが必要である」[8]。人間を動物から「まず」区別するもの——そしてそれから，人間同士を区別するもの——それは霊魂ではなく，理性でさえない。それは身体なのである。

人間の共通性

身体なるもの，それは物体（コール）の結合である。つまり，ひとつの個体は，さまざまな部分から形成されているが，その諸部分は，運動と静止のある一定の割合によって相互に結合されているということである[9]。この

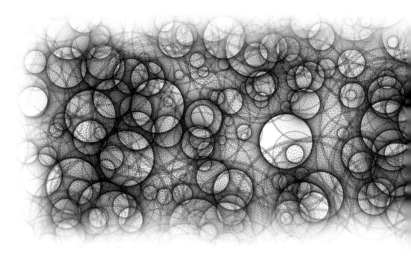

　割合こそが身体を決定するのであり、諸部分それ自体、あるいはそれらの数が身体を決定するわけではないので、総量が増えたり、減ったりすることがありうるのである。割合が同じままである限り、身体はその形を保っている。ひとつの身体が自分を保ち、成長し、他の物体に抵抗するためには、ひとつの適合した環境が身体には必要である。そこから、身体はみずからの本性を保ちながら、同時に多くの仕方で刺激されるという可能性が生まれる。

　したがって、身体を定義するときには、それをその内部組織のみから定義することはできない。その身体の周囲を取り囲む諸物体とのあいだで、当の身体が維持することができる関係によって、それを定義しなければならないことになる。つまり、それは、構成という関係（たとえば乳糜とリンパ組織のあいだでは、それらの調和が血液を構成している）、相違という関係、対立という関係（たとえば、血液と毒素の関係では、毒素が血液を腐らせる）である[10]。しかし、注意しなければならないのは、対立の関係でさえも、もっと幅広い一致の関係を想定しているということである。すなわち、血液と毒素が関係づけられるためには、ある種の普遍的特性（たとえばどちらも延長[11]である）を共通して持っていなければならないのである。

　霊魂は——身体のもろもろの出会いのおかげで——こうした建設的関係を知覚するとき、共通観念を考え出す。それは、いくつもの身体がお互いのあいだで一致し、またこの一致に従って、それらが互いに刺激し合っているときに、それらのあいだでお互いに共通しているものがなん

第 9 話　驚き

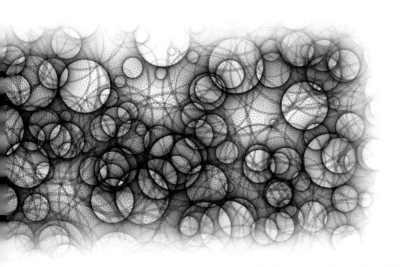

であるかを表示する。この共通観念は，個性的なものをなにひとつ示してくれないけれども，いくつもの個体間に共通している特性に限っては，それらをわれわれに示してくれる。にもかかわらず，これらの共通した特性は，一般観念のように抽象的なものではない。すなわち，それらは各個体のうちで模写として，実際に残っていて，しかも，部分のなかにも全体のなかにも存在するなにかを表現しているということである。だから，諸個人の観念は，切り落とされてばらばらにけっしてなっていないし，それだからこそ，つねに適切に認識されるのである。その代わり，これらの特性は，本有的[12]なところはまるでない。それらは，相互に一致の経験を重ねることで，精神が徐々に形成していくものだということである——つまり，すべては，驚きと正反対なのだ。

　単純で，目立ちさえするような特性から，円あるいは球を定義するのではなく，ひとつの線分ないし半円の回転を通じたこの特性（そして他のあらゆる特性）の生成からそれを定義するのと同様に，理性は，なにからなにまで与えられるわけではなく，また奇蹟のようにして，ひとつの動物的身体に接ぎ木されるわけでもない。それは，この動物的身体とともに発育していくのである。理性を産み出すためには，人間身体の諸能力を一巡しなければならない。驚きのせいで理性がやる気を起こすのではない。理性を働かせるよう誘うのは喜びなのである。あの調和の楽しさを喜びが感情で表現しているからである。　　　　　　　　◆

第10話

痕 跡

アマルガム像

　私の網膜に刻印される太陽 像[1]（イメージ）が雄弁に物語るのは，太陽の本性よりも，むしろ私の身体の構成具合に関してである。そのとき，われわれが作りあげる観念―― 200歩の距離にある一個の球体――は，私の身体の本性を，私の体に刺激を与えた太陽の本性と混ぜ合わせたうえで，ただただ支離滅裂に表示するか，あるいは，ただただ雑然と包含するかのどちらかである[2]。というのも，われわれは，事物そのものを感じ取っているわけではなく，外部の事物から多種多様に刺激を受けたわれわれの身体を感じ取っているにすぎないからである。したがって，どんな知覚もみな想像なのである。言い換えると，身体からできた混合物，アマルガム，重合物である。太陽を知覚する私の身体は，ひとつの身体＝太陽である。

　だから，像は，像となっている対象そのものには似ていない[3]。それでは，像は，翼のある馬のように，純粋な虚構だということになるのだろうか？　そんなことにはならない。というのも，虚構なら，認識の進歩につれて消え失せるのに対して，網膜像の場合は，事情が違うからである。いくら共通概念の科学が太陽との真の距離をわれわれに教え込み，視覚の法則をわれわれに教え込んでも，われわれは引き続き，太陽を近くにあるものとして想像し続ける。たしかに，この想像を引き起こすのは，無知ではない。なにかしら具体的なもの，すなわち，問題の天体によるわれわれの身体の変状こそがそうした想像を引き起こすのである[4]。想像力は，それ自体としては，誤謬と虚偽の主人ではなく，ひとつの能力なのである。

連合，すなわち一頭の馬の痕跡

　これらの像は，われわれのなかに刻まれ，そこに痕跡を残す。それらは，記憶というものを形成するようなやりかたで，他のもろもろの像と連合する。連合した結果の像を説明するのは，主として，われわれの身体の本性とその歴史である。たとえば，私は，リンゴという言葉（pomme）

を聞き，それと同時に意味された対象を見る。母国語を私はこのように
理解する。言葉と事物のあいだには，内的関係は存在しない。たしかに
関係は存在しているが，しかし，リンゴのなかにこの関係があるのでは
ない。それは，私の身体とその歴史（そして私の国の歴史）のうちにあ
る。このように，それぞれの想像力は，それぞれの個性的歴史に固有の
言語を喋るのである。そこから，外側にある痕跡を内側にある痕跡から
めいめいが読み解くということが起こり，解釈の多様性が生まれる。「た
とえば，兵士であれば，彼は馬の足跡を見て，ただちに，一頭の馬の思
考からひとりの騎士の思考に移り，そこから，戦争の思考に移るだろう，
等々。反対に，農夫であれば，彼は一頭の馬の思考から鋤や畑などの思
考に移るだろう。このように，事物像をあれこれの仕方で結合するにあ
たって，めいめいが使い慣れている流儀に従いながら，ひとつの同じ思
考から，別のあれこれの思考に移ることだろう」[5]。

想像力の二制度

　それゆえ，人間身体の刺激の秩序と連結に従って作り出されるこうし
た想像の連鎖は，「諸観念の連結」から慎重に区別されなければならない。
「諸観念の連結は，……知性の秩序に従って作られる。精神はこの連結
を通じて，事物をその第一原因から知覚し，そしてこの知性の観念の連
結は，すべての人間において同一である」[6]。想像の連鎖は，ある個人ま
たはある集団の個性的な歴史を示している。他方，理性的な連鎖は，あ
らゆる持続期間を超えて，永遠の仕方で，自然の秩序を再生産する。

　これら二つの秩序を混同すると，主観的な観念連合には客観的な効力
があると信じることが始まる。つまり，自然がわれわれに語りかけてい
ると思う場合と，自然を介して神自身が（！）語っていると思うように
なる場合のどちらかということである。

　こんなふうだと，想像から解き放たれなければならないのだろうか？

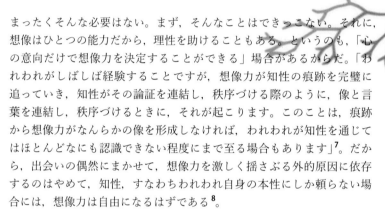

まったくそんな必要はない。まず、そんなことはできっこない。それに、想像はひとつの能力だから、理性を助けることもある。というのも、「心の意向だけで想像力を決定することができる」場合があるからだ。「われわれがしばしば経験することですが、想像力が知性の痕跡を完璧に追っていき、知性がその論証を連結し、秩序づける際のように、像と言葉を連結し、秩序づけるときに、それが起こります。このことは、痕跡から想像力がなんらかの像を形成しなければ、われわれが知性を通じてはほとんどなにも認識できない程度にまで至る場合もあります」[7]。だから、出会いの偶然にまかせて、想像力を激しく揺さぶる外的原因に依存するのはやめて、知性、すなわちわれわれ自身の本性にしか頼らない場合には、想像力は自由になるはずである[8]。

　いずれにせよ、身体の変状の秩序に従って、しりとり歌のように、想像力は無数の異なる道をたどる。イスラム修道士[9]——紐の端——馬の鞍——競走馬——徒歩競争……。農夫にとっては、ここはむしろ、鞍馬——雌牛の乳搾り——乳牛……となるだろう。めいめいが端を持ち、端に端を継ぎ足す。

　そして、これらの端とともに、あらゆる種類のマラブーが名声を博する。　　　　　　　　　　　　　　　　　　　　　　　　　◆

第10話 痕跡

63

第 11 話
前 兆

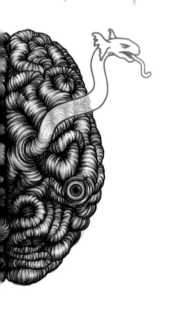

「人間が自分にかかわるありとあらゆる事柄をひとつの決められた計画どおりに処理できていたなら、あるいは、運命がいつなんどきでも人間にとって有利に展開するのであれば、人間は、どのような迷信にも囚われることはないだろう。しかし、人間は、もはや決断するしか手がないような極端な事態にしばしば追い込まれるし、運任せの不確実な財産に対する度はずれな欲望のせいで、みじめにも、大部分の時間が期待と恐怖のあいだで漂うように定められているから、彼らの心はややもすれば、これ以上ないほど極端な軽信に傾きがちである。人間の心は、どんなものでも信じがちである。つまり、安心している瞬間は、自信たっぷりで、見栄を張っているが、いったん疑惑に囚われたときには、わずかな衝撃にも、簡単にあっちこっちに動かされるのである。この動揺は、心が希望と恐怖のあいだで漂う場合には、ますます甚だしくなる。私が思うに、たいていの人びとは、自分自身については知らないものなのだが、しかしいま言った点を知らない人間は皆無であろう。事実、人びとに交わって暮らしてきた人間は、だれしも見知ってきたことがある。順境のあいだは、たとえ経験がひどく乏しくとも、だれしもが知恵に溢れており、だれかが助言でも与えようものなら、その人間から自分が侮辱を受けたように思うほどであるが、これに反して、いったん逆境に陥ると、だれしもがどちらを向いて進んでいけばいいのかわからなくなり、だれに対しても助言を懇望し、その助言がどんなに愚かで馬鹿げており、無益なものであっても、それに従うのである。次に、人間がもっとも良いことを期待したり、反対にもっとも悪いことを恐れたりするには、この上なく軽い動機さえあればそれで十分なのである。というのも、恐怖に囚われているときに、過去の幸福または不幸を思い出させるなにかが起こるのを見るなら、幸せな結末かもしくは不幸な結末かを、それが告げているものと考えるから

第11話　前兆

である。そしてこの理由から，彼らは何度もだまされているにもかかわらず，それを吉兆あるいは凶兆と名づける。それにまた，なにか風変わりなことを見て驚嘆したときには，彼らはそれを神々あるいは最高神性の怒りを示す神異だと思い込む。そして，迷信深く，まことの宗教の敵である彼らは，神々への誓願と犠牲によってこの神異を祓いのけないのは不敬虔だと考える。このようにして，彼らは無数の虚構をでっち上げる。そして，あたかも自然全体が彼らの妄想の共犯者でもあるかのように，自然を奇妙奇天烈に解釈する。事情はこのようだから，あらゆるたぐいの迷信に飛び抜けて囚われている人びととはとりわけ，不確かな財産を度はずれに望む人びとのことだとわれわれは見ているのである。危険にさらされ，自分自身以外にいかなる救いを見いだすすべも持たないときになると，こうした人びとの全員が誓願と女の涙で，神の救いを祈願し，理性を盲目的なものとして扱い（理性は彼らが望んでいる虚飾の満足に至るためのいかなる道をも彼らに示すことができないから），人間の英知をむなしいものとして扱う。これに反して，想像力がもたらす幻影や夢想や子供じみたばかばかしい言動が，彼らには神性の答えと思われている。それどころか，彼らは，神は賢者を嫌っていると思っている。神の命令が書き込まれたのは，精神に対してではなく，動物の臓腑に対してであるとさえ考えているのである。それどころか，愚者や狂人や鳥類は神的霊感，あるいは本能によって，神の命令を伝えるとさえ信じている。それほど，恐怖は人間を狂わせる力を持っているのである。実に，迷信を生み，保ち，かつ育む原因とは，まさしく恐怖なのである」[1]。

　飛び回る鳥たちから成る偶然の世界。胎内に秘められた逃れられない運命[2]。二つの世界像は，誤りでもあり，死を予言してもいる。　　　　　　　　　　　　　　　　　　　　　　　◆

「それほど，恐怖は
人間を狂わせる力を持っている。

実に，迷信を生み，保ち，かつ育む原因とは，
まさしく恐怖なのだ。」

第 12 話
奇　蹟

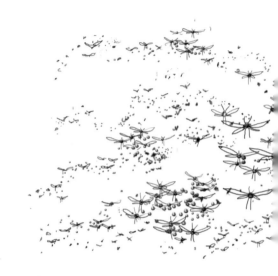

永遠の自然秩序

　凡俗の目から見ると，神の力と自然の力は，はっきりと異なる二つの力である。つまり，神の力を王威として，自然の力を盲目的な力として想像するのである。そして，神は，まるで馬を轡（くつわ）で抑えつけるかのように，その権力を自然秩序に対して押しつけるときに姿を現わす[1]。

　神の命令，すなわち永遠で固定された不動の秩序にほかならない諸法則に自然は従っているので，実を言えば，これら二つの秩序は一心同体である。

　したがって，われわれは，自然の事物を知れば知るほど，ますます神をよく認識することになる。そして，まったく知らない作品よりもむしろ，明晰判明に理解している作品のほうをこそ，神の作品と名づけるのがより正しいということになる。「事物を知らないときに，神の意志に助けを求めることは，くだらないことを喋っていることになる。自分の無知を告白する，まさに滑稽なやり方である」[2]。それどころではない。奇蹟のようなものは，もしそんなものが存在していたなら……神が存在しないことを証明してしまいかねないのである。というのも，「それは必然的に，神が自然の普遍的諸法則によって自然のなかに永遠のものとして設定した秩序と矛盾するはず」だからである。それゆえ，「そうしたものは，自然と自然の諸法則に反するであろう。したがって，奇蹟を信じることは，すべてを疑わせることになり，われわれを無神論に導く

第 12 話　奇蹟

だろう」[3]。

詩学初歩

　奇蹟という名詞は，人間たちの意見と関係させた場合にしか理解できないし，自然原因がわれわれによって知られていないような作品，あるいは——驚かないで見ているものについては，人間はそれを知っていると思いこむので——日常的なものからはみ出した作品しか指さないという結果になる。聖書は「詩的形式で」[4]，つまり中間段階を飛び越し，直接神のせいにするかたちで提示された事件でいっぱいになっている。しかし，それらをまぢかで見てみると，これらの物語には自然秩序に反するようなところはまったくない。
　たとえば，神はサムエルに，サウルをおまえに遣わす，と啓示したと語られている。しかし，この神による派遣は，自然秩序に即したものにほかならなかった。サウルは，失った雌ロバを探していた。そうして彼は結局，預言者サムエルを見つけに行って終わるのである[5]。
　有名なイナゴについては，イナゴは「神の自然的命令によって，一昼夜吹く東風に乗ってエジプト人の地に満ち溢れた（『出エジプト記』10：14–19）」。そして紅海が開かれたのは，夜もすがら吹いた南東風の作用のおかげであった[6]。
　理性には太刀打ちできない別の話もあるのは事実である。しかしそこ

でも，また想像力と詩を考慮にいれなければならない。神という無限の最高存在が火に包まれて，シナイ山に天から降りてきたといったことを信じられるだろうか？　あるいは，預言者エリヤが火の馬に乗って天に昇ったということを信じられるだろうか？「すべての事柄は，実際の出来事を思い浮かべ，われわれにそれらを伝えようとした人びとが抱いていた意見に適応した表象にすぎない」[7]。預言者たちは，人並み以上に整った理解力に恵まれていたわけではなく，むしろ持って生まれた想像力が人より活発だったのである。その証拠に，預言者たちのそれぞれは，一般的な啓示よりむしろ特定の啓示を得意としていた。「預言者が農夫であった場合には，雄牛や雌牛を見ていた。兵士であった場合には，軍隊を見ていた。宮廷にいる人間なら，玉座を見ていた，等々」[8]。イザヤは六つの翼を持つセラフィムを見ているが，エゼキエルが見たのは四つの翼を持つ動物である[9]。

　したがって，啓示だとして教えてくれても，神の本性と本質がなんなのかは皆目わからないのである。「神といっても，以前には，名前以外知らなかった人びとだったので，神の存在を確かめるために，彼らは神と直接話がしたかったのである。だとしたら，なぜ彼らが『われは神なり』と語りかける被造物〔人間の声〕（神とのあいだで，この被造物は他の被造物に比べて，より一層密接な関係を持っているわけではないし，神の本性にも属さない）などで満足できたのか，私にはわからない。真底，私は聞きたい。神がモーセの唇——モーセの唇などと，私はなにを言っているのか？　なんらかの動物の唇でもかまわない——，その唇をねじ曲げて，彼または動物に『われは神なり』と言わせたら，それで彼らは神を理解することになっただろうか，と」[10]。

黄金の仔牛

　こうしたありさまでは，なにも驚く必要はないのだが，モーセがいろいろと奇蹟をおこなったにもかかわらず，イスラエル人は神についてまともな概念をどのような形でも作れなかったばかりか，「モーセが彼ら

第12話 奇蹟

のもとを去ってしまったと思い込んだとき，あれほど多くの奇蹟のあげくに彼らが思いついた神の観念は，ああなんたる恥じ知らず，彼らにしてみれば，結局一匹の仔牛だったのだ」！[11]

　詩は，賛嘆と敬神と崇敬で愛を強める。とはいうものの，奇蹟を愛の問題に混ぜ合わせるのは，かなり危険である。驚きとは茫然自失にすぎない。反対に，愛することとは，なにが喜びの原因かを考えることである[12]。したがって，真の認識は，どれもこれもみな愛であり，愛以外のなにものでもない。

信仰と理性

　そこから，聖書は不条理のかたまりにすぎず，預言者は詐欺師にすぎない，と結論づけなければならないのだろうか？　全然そうではない。というのも，啓示から，それらを覆う詩の着衣を剥ぎ取れば，残るのは共通の核心だからである。つまり，すべての預言者が正義と隣人愛を推奨しているということである。完全に理性にかなう教えだ。たとえ，預言者がそのことを知っていて，想像という手段でそれを教えたとしてもである。だから，理性と宗教とを知らない人間は，信じるすべを知らず，理解するすべを知らず，「まっとうな人間ではなく，獣に近い人間」[13]なのである。

　しかし，大事なのは，信仰と服従だけに関係する神学を，証明と真理に取り組む哲学から区別することである。「男も，女も，子供も，みんな命令に同じように従うことができるが，しかし，同じように賢者であることはできない。そして，もしだれかが，神の属性は理解する必要が

なく，むしろ端的に証明なしにそれを信じることが必要だというふうに言ったなら，それは愚者の物言いにすぎない。目に見えない事柄はもっぱら思考の対象であり，証明以外の目で見ることができないからである。したがって，証明という目を持たない人びとは，厳密に言えば，それらすべてに関してなにも見ていないのである。そして，彼らがそうした事柄に関して，人づてに聞いて，繰り返し語っているとしても，それは彼らがなにを考えているかには関係しないし，彼らの思考を示さないことにかけては，考えも分別もなく喋っている一羽のオウム，あるいは一台の自動機械の言葉となんら変わりはない」[14]。

神を冒瀆する馬

　神学と哲学のあいだで，こうした区別をしないでいると，迷信がすべてを持ち去ってしまう。真の宗教の核心をないがしろにして，外側の殻にしか興味を抱かない迷信のせいで，理性は先入見の長談義にうんざりさせられる。「しかもなんという先入見だろう。理性的存在である人間を野生動物の状態に転じさせるこれらの先入見は，判断力をだれもが自由に行使し，虚偽から真実を区別するのを妨げ，知性の光明全体を消し去ってしまうために，わざわざ発明されたものであるかのようだ……」[15]。
　「諸教会は，単に迷信でのみ区別されるにすぎません」[16]とスピノザはアルベルト・ブルフに宛てて書いている。この人は，新たにカトリック信仰に鞍替えしたので，スピノザを「悪霊どもの君主」[17]から引き離そうともくろんでいる。彼に対する非常に辛辣な調子の返書で，スピノザは，シャティヨン某への言及を滑り込ませている。この貴族は，カトリックとプロテスタントとの戦争[18]のあいだに，馬にホスティアを食わせたが，罰を受けることはなかったのである。「おお，判断力を失った青年よ，あなたがかの永遠の最高存在をあなたの臓腑に呑み込んで，それをそこに持っていると思うほどにまで，いったいだれがあなたをまどわすことができたのでしょうか？……」[19]

◆

第12話 奇蹟

「おお，判断力を失った青年よ，あなたがかの永遠の最高存在をあなたの臓腑に呑み込んで，それをそこに持っていると思うほどにまで，いったいだれがあなたをまどわすことができたのでしょうか？」

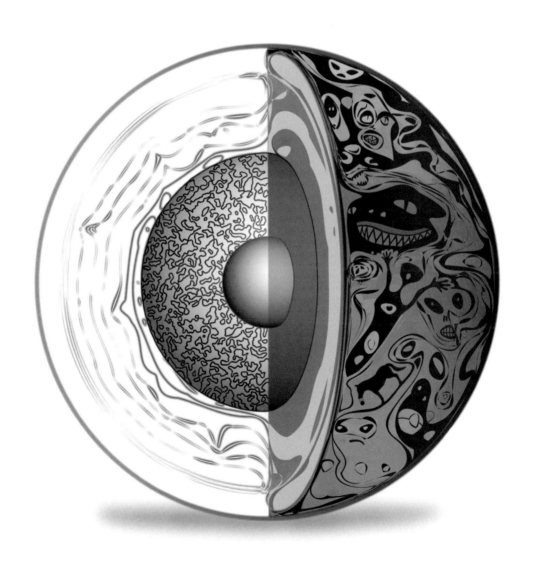

第13話

隣人の雌鶏

スピノザと動物たち

論争はなぜ生じるか

　どうして人間同士言い争うのだろうか？　それは，誤謬がなにか大変なことだと思っているからである。だから，一方の人びとは，他方の人びとが間違っていると非難する。そして自分たちは不条理を免れているのだが，相手側の精神は不条理でいっぱいになっていると思い込むので，それらについて憤慨するのである……。さもありなん！　不条理とは，定義上，端的に，考えられないことだからだ。思考はひとつである。だから，だれの頭でも，その頭のなかにある思考に関する限り誤謬などけっして存在しない。相手側が間違えていると思うことだけが誤謬なるものを成立させる。「世のたいていの論争も，人びとが自分の考えを正しく説明しないか，それとも相手の考えを間違って解釈しているかのどちらかから起こる。というのは，彼らはもっとも激しく対立している場合でも，実はまったく同じことを考えているか，そうでなければ，まるで異なる主題について考えているかのどちらかであり，したがって，互いに相手のうちにあると考えている誤謬あるいは不条理が本当は存在していないことが多いのである」[1]。単なる誤解で，誤解が険悪になっているだけである。だれでも他人が不条理だと非難するが，違った言葉で同じことを言っている——あるいは同じ言葉で違ったことを言っている——とは見ないのである。

　正方形の特性を円に付与する人がいても，誤っているわけではない。つまりその瞬間には，円を，数学者たちとは異なったふうに彼は理解しているということである。まず，言葉のもとで，なにが存在しているのかについて相互に理解し合う必要がある。別の人が 7 ＋ 5 ＝ 11 と書いても，誤りを犯しているわけではない。彼は，自分の思考のなかにあることとは別の事柄を書いているにすぎない。たぶん，そのとき彼の思考のなかには，まったくなにもないのだろう。なにかあるとしたら，それはおそらく正確な計算でしかありえない。それを紙に写し間違えただけである。同じように，とスピノザは付

第13話　隣人の雌鶏

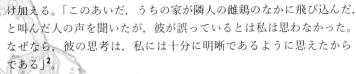

け加える。「このあいだ，うちの家が隣人の雌鶏のなかに飛び込んだ，と叫んだ人の声を聞いたが，彼が誤っているとは私は思わなかった。なぜなら，彼の思考は，私には十分に明晰であるように思えたからである」[2]。
　どんな思考も不条理ではない。不条理な言葉には，どんな思考も対応しないか，あるいはおそらく，その場合には，別の思考が対応するかのどちらかだ。ある人が馬鹿げたことを言っている（または，書いている）からといって，馬鹿げたことを考えているわけではない。

スピノザの印章

　不正な人間とは曲解する人間のことだ，とはヴィクトル・ユゴーの言[3]である。しかし，生来，誤った解釈を摘出してきた哲学のなかで，取り除けずに残っている害悪は，説明を拒否して，かたくなに曲解に固執することである。そして，しばしばこの曲解は無意味であるか，もしくは卑劣な言動であるかのどちらかである。つまり，われわれには，愚かさと悪意のあいだでどちらを選ぶかという選択肢しか残されていない，ということである。曲解から意図的訴訟までは一足跳びであり，そうしたら，くちばしでつつきまわされる。
　心と心[4]を通わせられるのは，神とのあいだだけである。とはいえ，それはすべての人に与えられている才能ではない。聖書は，特筆すべき唯一無二の事例に言及している[5]。普通の人間の場合は，言葉と表象（イメージ）なしではすまない。したがって，だれもが宗教の普遍的教えを自分自身が想像したものに合わせなければならない——そのうえで，他人のそれが，自分のとは違うことを認めなければならない[6]。だから，どのように自分を表現しているか，そのやり方にとくに注意を向けなければならないし，他人の話をどのように聞いているか，その態度に，多分なお一層注意を向けなければならない。友情とは，心の融合のうちにはなく，むしろ，判断停止と確認待ちのなかにある。以上のことが，スピノザの銘句の意味でもあると私は思う。すなわ

ち，彼が手紙に押すことを常としたラテン語の印章である caute は，用心して扱うようにと翻訳できるのではないだろうか。用心は，「人間本性の隷属ではなくて，人間本性の自由である」[7]。

友情が生まれるわけ

　他人が言ったことや書いたことに関して準備を整えて，一貫した論理を相手に思いっきり投げつけたとき，それに立ち向かおうとするのが友情というものである。あら探しをするのはとても簡単だし，それを煮詰めて馬鹿げた話やひんしゅくものに還元することは，とてもたやすい！　スピノザはそれをするのを一向にやめようとはしない……。彼は歯に衣着せない。とりわけ，だれかの思想をとくに取りあげてというのではなく，はるか後代のスピノザ主義者たちが「イデオロギー」だの，「言説(ディスクール)」だのと名づけるようになる事柄を取りあげて，ばりばり嚙み砕くときがそうである。また，ねじ曲げて解釈し，悪いことをしてまでうまくやろうとする特異な意志を突き止めたと彼が思ったときには，永久に縁切りとなる。そうは言っても，概して彼がヨリ難シイ解釈[8]に価値を置いていることに変わりはない。難しい解釈のほうが寛大だから，それは広がっていき，豊かな実りをもたらす。そして，たしかにそれは難しいことだが，しかし，そうなれば，土地は耕され，その実りは全員の共有物となるのである。およそ思考というものは，それがいかにぎこちなく，いかに途切れ途切れでも，積極的なものを含んでいれば，その全部がつねに真理から想を受けた真理の下書き以外のなにものでもない。そして虚偽はその刃こぼれでしかないので，真理だけが実在するのである。

　だから，書いたものが不正確で，考えが殻をかぶっていて未熟であっても，そのために，思考し書こうとする元気をわれわれから奪わないでほしい。明日になれば，見知らぬ友人たちがわれわれの言葉遣いの悪いところと大まかなところを修正してくれるだろうから。ところで，これらの間違いと大まかなところがなければ——おそらく——険しい道が彼らに開かれることはなかったのだが。　◆

第14話
作者の考え

飛ぶ馬と飛ぶ人間

　日常生活では，家が隣人の雌鶏のなかに飛び込んだ，などと口にした人間はもちろん，言い間違えたのである。しかし，世のなかは日常的なものばかりとは限らない。聖書には，摩訶不思議な——飛ぶ人間，飛ぶ馬——そして文字通りにとれば，ありそうにない物語が満ち溢れている。原文を厳格に理屈にかなう話に——悲しくも理屈にかなう話と言わんとしていた——縮小するために，文意を歪めてもいいというわけではまったくない。全力をあげて，なにがなんでも宗教を合理化しようとする試みは，迷信への流用と同じく常軌を逸している。もっとも，万事は，字義通りの意味を超えて，たとえ話と寓意へ向かうようにわれわれを誘ってもいる。しかし，どうやって正確に意味を決定すればいい？

　実際，唯一で同一の物語でも，作者についてわれわれが持っている意見に応じて，非常に違ったふうに理解できるとスピノザは言う。私は，怒れるオルランド某が翼を持つ怪物にまたがって空中に舞い上がり，あらゆるたぐいの人間どもと巨人どもを虐殺するという物語を読んだことがあった，とスピノザは言っている[1]。同じたぐいの物語がオウィディウスでは，ペルセウスの話になっている[2]。そしてさらに，聖書では，空を飛んでいた預言者エリヤが，おしまいには火の馬に引かれた火の戦車に乗って，天へ昇る[3]。「これらの物語は，非常によく似ている。しかしながらわれわれは，おのおのについての判断を非常に異なる仕方で下している。最初のものは，おとぎ話を書こうとしただけであり，第二のものは政治上の事柄を，第三のものは，聖なる事柄を書こうとしただけなのである。われわれは，作者について持っているわれわれの意見に即した場合にのみ，こうしたことに納得がいくわけである」[4]。

第14話　作者の考え

79

状況と推測

どうすれば作者に関する意見を形づくれるだろうか？　作者に聞くの
が一番いいだろう。しかし，作者が数世紀も前に死んでおり，伝承が失
われてしまっていたら？　それでも全部が失われたわけではない。まず
もって，作者は一貫している。作者は矛盾したことを言わないし，すべ
ての存在物がそうであるように，作者が作者のまわりの環境と時代にど
のような結果をもたらしているか，あるいはもたらそうともくろんだか
ということから，作者の意図がわかろうというものである。

「われわれがある本を読むとき，その本が信じがたいこと，あるいは
理解しがたいことを含んでいたり，ひどく曖昧な表現で書かれていたり
するうえに，われわれが作者も知らず，どのような時代にどのような状
況で作者が書いたのかも知らないなら，彼の真の狙いに関してもっと正
確な情報を手に入れようとしても無駄である。なぜなら，そうしたすべ
てを知らないなら，作者がなにを意図したかも，なにを意図することが
できたかもわれわれにはまったく知りえないからである。反対に，これ
らのことが十分にわかっていれば，われわれは，先入見から身を守りな
がらわれわれの思考を決定する。すなわち，作者にとって当然であるこ
とを，それ以上でもそれ以下でもないものとして，作者の言いたいこと
とし，そして，作者の頭に思い浮かんだ事柄以外のなにごとも考慮に入
れないようにしながら，言い換えると時と場合が要求していたこと以外
のなにごとも考えない形で，われわれの思考を決定するということであ
る」[5]。

たしかに作者の考えを正確に知ろうとしても，けっして知りえないだ
ろう。とはいえ，状況に即して，それを推測するのは可能である。だか
ら，発話行為から言表を切り離さないように気をつけることにしよう。
とくに，言いそうなこと，あるいは実際に言ったことでさえも，そのす
べてを作者に帰することには用心しよう。というのも，作者は，言うべ
きこととして持っている事柄を聴衆の意見に合わせるために，一時的に，
聴衆の意見のほうを採用したかもしれないからである。しかし，比較的

些末なこの面はともかくとして，作者の思考は，少なくとも本当の思いでありさえすれば，普遍的な思考の一断片であるほかないのである。そうした場合，作者の考えを関係づけなければならないのは，もはや聴衆にではなく，他の作者たちにである。

　たとえば，キリストがもう一方の頬を差し出せ，と教えたとき，彼は，モーセが制定した律法（目には目を歯には歯を……）を廃止しているのだろうか？　彼は，こうした解釈に対しては，みずからすすんでわれわれに警戒せよと呼びかけている。だから，キリストとは，どんな人間であるかを見なければならない。それは，法律を制定する立法者ではなく，道徳訓を講ずる学者先生なのである。それから，どんな文脈で語っているかである。腐敗した，滅亡寸前の国家に生きる，抑圧された人びとに向かって彼は語っている。そこでは，正義がないがしろにされていた──エレミヤは，似たような文脈で同じ勧告をふんだんに語った。モーセが制定した正義とは報復ではないから，旧約聖書と新約聖書のあいだには，まったくなんの矛盾もないのである。キリストとエレミヤは，国家の滅亡に乗じて，この正義が持つ真の意味合いをひたすら明らかにしているだけである。だから，作者と歴史はいろいろと異なるけれども，聖書は唯一にして同一の一冊をまさに構成しているのである。少なくとも，聖書を読む人間に，正義と慈善を実行する気構えを持たせる限りでは，そう言えるのである[6]。

普遍的なものと個別的なもの

　したがって，「何本もの支流のような」[7]ほかのいろいろな派生的作品は別にして，ともかくこの普遍的な教えに大急ぎで到達しなければならない。この教えには，歴史の知識も推測も必要ではない。それは，ユークリッド[8]の作品と同じくらい明快である。ユークリッドの作品も，それを理解する際には，どんな言語であっても歴史調査は必要とされない。したがって，われわれは，最大の明証性とともに，救済と至福に関する聖書の思想を理解できるということである。残りの部分は，効用性より

第14話　作者の考え

も，好奇心の管轄に属する[9]。そして，象徴とたとえ話の解釈は，相変わらず当てにならないままである[10]。たとえばスピノザは，アダムの物語をひとつのたとえ話と見ているが，しかし，作者の意図を正確にまちがいなく表現しているなどとは主張していない[11]。

　われわれは，無駄なことをやっているのかもしれない。作者の——他者の——考えは，われわれの思考のはるかかなたを飛び続けるだろう。人それぞれに想像は自由だからだ。そんなことを気にする必要があろうか？　本当のところ，これで，あなたがたはアリエルとアリアの考えに興味を持てただろうか？

　大切なのは，想像物の翼に乗って，精神が永遠の真理に馬乗りになるかどうかだ。
◆

スピノザと動物たち

第15話
神の法

蜜蜂のように

蜜蜂は，冬支度をするように造られているから，冬のために食料を確保すること以外に目的を持たない。蜜蜂より高等な人間は，蜜蜂を育てながら，別の目的を心に秘めている。蜜を自分自身の目的のほうへ流用するということである。しかし人間の場合は，全自然の究極目的であろうとするが，そんなことはできるはずもない。全自然は無限であって，人間を，残りのもの全部と資格を同じくするひとつの道具として使っている。神の諸法または自然の諸法は，それ独自の目的を持つ[1]。

轡（くつわ）で制止される馬のように

「法という名詞は，絶対的意味でとらえるなら，おのおのの個物，一切の個物，あるいは同一種類に属する一定数の個物が，ある特定の決定された，唯一にして同一の根拠に従って動くことにあてはめられた言葉である……」[2]。たとえば，物体が他の物体と衝突したときには，自分の運動を他の物体に伝えるというのが自然の普遍的法則である。人間的自然すなわち人間本性の法則は，同時に二つの事物を見た人間は，そのときすぐに，一方についての思考を他方についての思考へ移らせるというものである[3]。

「しかし実際には，法という言葉は，隠喩を使って自然物にも適用されているように思われる。そして一般に法という言葉は，命令以外のなにものでもないと理解される」。それは，人間がある特定の目的のために，自分自身もしくは他の人びとに対して押しつける「生活規則」にほかならない。ところで，大衆は人間の法について，本当の目的——にわかには受け取れないある一定の社会的利益を獲得するために，彼らの欲望を一定の範囲内に制限することが必要となる——など理解していないため

に，彼らを法に縛り付け，彼らが自分たちの性向に負けないようにする
必要があった。立法者たちは，法の本性から自然に出てくる目的の代わ
りに，まったく別の目的を持ってきた。すなわち，大衆が服従した場合
には，立法者は，一番好きなものを彼らに与えると約束し，服従しない
場合には，一番嫌うものを与えると約束したのである。「そして立法者は，
あたかも馬を轡で制止するかのようにして，大衆を統制しようと企てた
のであった」[4]。言い換えると，立法者たちは，心理学的な連合法則に救
いを求めたのである。良き行動には褒美を，悪しき行動には罰を。

　そこから，法と制裁とのあいだには超越的関係があるという幻想が生
まれた。すなわち，王を髣髴とさせる神は勝手気ままな命令を通じて戒
律を押しつけ，また，裁判官でもあるかのように，服従か，あるいは反
逆かを外部から決めにやってくる。たとえば，ヘブライ人は，服従の代
償として，彼らに繁栄を神が約束していると信じてきた。十戒に従わな
かった場合には，必ず災厄が生じていたのに，十戒への服従がそれ自体
のうちに必然的結果として，この共同の繁栄を含んでいることが彼らに
はわからなかった。だからヘブライ人は，希望のなかに生きてきたので
ある。そしてそれ以上に，恐怖，すなわち隷属のなかで生きてきたので
ある。同様に，アダムは，禁断の木の実に関する神の啓示——永遠の真
理（この実の本性は汝の肉体を腐らせるであろう）——を，背くことも
できるひとつの禁止命令（この実を汝は食してはならない）として感じ
取ったのである。

　そして，この無知のせいで，法の観念が自然の諸法則でさえも感染し
てしまうほどの重篤な化膿症にかかってしまった。神なら自然諸法則を
別なふうにも作ることができたのだから，法の観念と同じく，それらも
神が下した自由な命令に依存してでもいるかのように思われたからであ
る。実際には，法と制裁とのあいだにある関係は内在的なもの，あるい
は内部的なものである。ソロモンの箴言が出てくるのはそこからである。
愚か者の罰は，愚かな所業なり[5]。そして『エチカ』の結論である。至福
は徳の報酬ではなく，徳そのものである[6]。私が罪を慎むのは，とスピノ
ザはブレイエンベルフに言う，罰を恐れるからではなく，それが私の本
性に反するからです，と[7]。

水から外に出た一匹の魚のように

　法と制裁とのあいだには自然な関係がある点を理解しない大部分の人間は，服従と引き換えに報酬を受け取ろうとして，現世では宗教というひとつの重荷を背負うものの，死ねば，この重荷から解き放たれる希望があると信じてきた。彼らからこの期待——そしてとりわけ地獄での懲罰に対する恐れ——を取り上げるなら，彼らは，天性と情念に舞い戻ってしまうだろう。こんな話は，とスピノザは言う，私には愚の骨頂と思える。まるでそれは，永遠に生きるとは思っていないからと言って毒液に浸ったり，正気に見切りをつけたりするのを選ぶ人間[8]，あるいは，「水中生活を過ごしたあとに，永遠の生命が来ないんだったら，俺は水から出て陸へ上がるぞ，などと口走る一匹の魚」[9] と同じくらい馬鹿げている。知性に至高権がなければ，われわれは，場違いなところにいるかのような暮らしを送ることになるのだ。

第 15 話　神の法

オウムのように

　原因と結果のあいだに分離を持ち込むとき——原因と結果のあいだに断絶があると考えつきもしないために、結果が原因のなかにあるとは見ない場合——、無知あるいは隷属に人は陥る。法律への隷属状態に生きる人間は、なにも理解しないまま、法律を絶対命令のしるしと思い込んで、「一羽のオウム、あるいは一台の自動機械のように」、ただひたすら法律をあてはめ、繰り返し喋るだけである[10]。こうしたものが第一種の認識であり、あるいは想像力である。

　理性は第二種の認識を構成する。それは、共通観念と自然の普遍的法則を規定する。たとえば、血液中の虫は、乳糜とリンパとのあいだの規則的な関係の認識にまでは到達できる。しかし、虫は、血液が構成している全体についての認識には到達しえない。とくに全体は血液を部分としているにすぎない、という全体についての認識となると、虫にはとうてい無理である——この認識は、スピノザが第三種の認識と呼ぶもので、直観的科学であり、今度はこれが、神という存在物の第一原因のなかで、またそこから、存在物を個別的本質において直接把握するのである[11]。

　われわれは、そのとき、もはやおしゃべりな一羽のオウムのようなものではないし、言うことを聞かない馬でも、思慮の足りない魚でもないし、功利主義者の蜜蜂[12]のようなものでさえない。われわれは人間たちのようなものである[13]。　◆

第16話

石の落下

自由意志という幻想

　この動物図像集に石が一個仲間入りしても驚かないようにしてほしい。というのは，スピノザにとって，万物は霊魂を持っているからだ（それにはさまざまな段階があるが）。言い換えると，万物は考える[1]。

　なるほど，一個の石の知性はとても鈍重で，その意識はほぼ無きに等しい。しかし，一個の石が意識を持つと仮定してみよう。たちまちそれは，……われわれと同じくらい愚かになる。

　「たとえば，石は，自分を突き動かす外部原因から一定の運動量を受け取り，外部原因による衝撃が止むようになったあとでも，この運動量によって運動を必然的に継続します」。これが運動量保存則という，ガリレイによって確立された近代科学を創始する公式である。どのような存在物もみな，獲得された自分の運動を保存することをめざし，あるいは，そのために努力をする。石が停止するのは，結局石の傾向を変える別の外部原因と遭遇したからにすぎない。しかし障害がなければ，石は限りなく同じ運動を継続するだろう，ということである。「みずからの運動に対する石のこの固執は，強制されたものですが，しかしこの固執が必然的だからそう言うのではなくて，固執が外部原因の衝撃によって決定されなければならないからそう言うのです」。そして，このことは，複雑さと適性がどうであれ，すべての個別的事物に当てはまる。つまり，石にせよ，動物にせよ，人間にせよ，すべてのものは，外部諸原因によって規定されるような形で，その存在に固執すべく努力を払っているということである。

　「いま，石は，運動を継続しながら考え，運動を続けるために，できる限りの努力を払っていることを意識していると，どうぞ想像してみてください。たしかに，この石は，自分の努力を意識していて，無関心ではないのですから，自分がとても自由だと思うでしょうし，自分が運動に固執しているのは，そのことを自分が望んでいるからなのだ，と信じるでしょう。そして，これが，人間の自由というものなのです。だれでもみんな自由を持っていると自慢していますが，その自由というのは，

第16話 石の落下

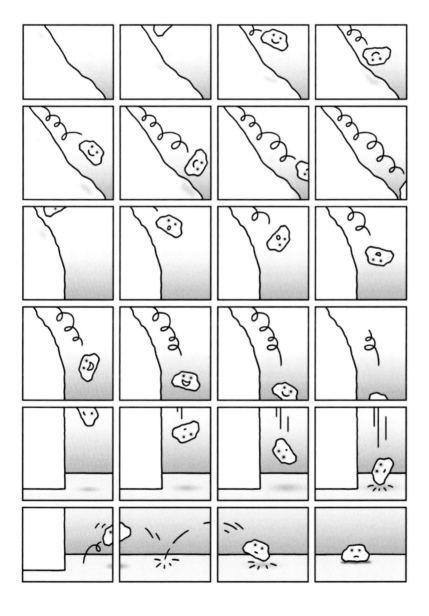

人間たちが欲望を意識していること，そして，彼らを決定する諸原因については無知であるということからのみ成り立っているにすぎません。そういうわけで，子供は乳を自由に望んでいると考え，怒った小児は，復讐したいと自由に思っていると信じ，臆病者は，自由に自分が逃げようとしている，と信じているわけです。そして，酔っぱらいは，しらふに戻れば黙っていたかったと思うようなことを，精神の自由な決定によって喋っていると信じています。同じように，譫妄状態の人間も，饒舌家も，同じたぐいの他の人間たちも，精神の自由な決定によって行動していると信じていて，衝撃で突き動かされているとは思っていません。そして，こうした先入見は，すべての人間に生まれながらにして備わっているものなので，それから抜け切るのは，容易ではありません」[2]。

無知の避難所

石には自由な意志を与えないのが普通だが，そうは言っても，石の落下がとりわけ目立った結果をもたらしたときには，他のところに自由な意志を探し求めることに変わりはない。たとえば，屋根から落ちて，人間を（自然な必然的原因のつながりによって）殺す一個の石は，本当の原因を知らないまま，世界をさかさまにして，原因のところに結果を置く目的論的妄想にとっては，仕事をするための絶好の機会を，鴨ネギよろしく持ってきたことになる。そのとき，人間の死はまるで，最高存在がすべてを仕組んでいたかのように，落下の目的原因となる。通りに人が出るのも，そこへ風が吹いてくるのも，人間を殺すためである。そして，新しい推論方法を編み出したという美辞麗句を連ねる修辞家たちがどのように問題にとりかかっているかを見ていただきたい。還元，といっても不条理なことへの還元ではない。無知への還元である。でも，原因は風じゃないの？　などと言いながら，推論しようとする人びとに対して，彼らは答える。では，どうして風が吹いたのかね？──海が前日にざわざわ揺れ動き始めたからだね。──でも，どうして海がざわざわ揺れ動いてしまったのかね？「彼らは，このように原因の原因に関す

る質問を次から次へと重ねて，ついには，あなたが神の意志，かの無知
の避難所に逃げ込むまで，追求をやめないだろう」[3]。

自由な必然性

なにごとも必然であるから，自由は必然性に対立しているのではない。
しかし，必然性は，あるときには内部にあり，あるときには外部にある。
したがって，自由は強制と対立しているのである。「私は，自己の本性
の必然性のみから存在し行動するものを，このものは自由であると言い，
他のものから，一定の仕方で存在し結果を産み出すように決定されてい
ることを，強制されていると言います」。だから，神は——必然的に存
在しているにもかかわらず——その本性の必然性だけから存在するので，
自由に存在しているのである。人間について言えば，人間は自由に生ま
れつくわけではない。しかし，人間は，自由が「自由な決定から」成り
立つのではなく，「自由な必然性から」[4]成り立つ点を理解すれば，人間
は自由になることができるのである。　　　　　　　　　　　◆

第17話
ビュリダンのロバ

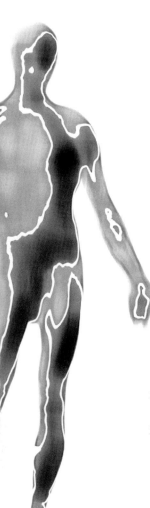

霊魂と身体

　自由意志が存在すると信じることには，人間学的な仕掛けがある。人間は，一方では，霊魂すなわち，精神，主体を備え，他方では，人間に道具として役立つ身体を備えている二重の被造物だというのだ。でなければ，唯物論者なら，身体が目的で，精神はその手段だ。どちらの場合にも，相互作用が存在すると信じられている。身体はその感覚と感情を霊魂に移す。一方，霊魂は身体にその意志を伝える。どうして身体だけで，神殿を建てたり，本を書いたり，本を読んだりできようか？
　スピノザはこのことに答えている。「身体になにができるかを，これまで，まだだれも規定してこなかった」。無知はひとつの論証にもならない。問題の身体に対する霊魂のいわゆる作用については，「どんな仕方，そしてどんな手段で霊魂が身体を動かすのか，どの程度の運動をそれが身体に伝えることができるのか，どれくらいの速さでそれが身体を動かすことができるのかをだれも知らない。そこから出てくる結論は，身体に対する支配権を持っていると言われている霊魂から，これこれの身体の行動が生じると口に出すとき，人間は，自分がなにを言っているかを知らないし，行動の真の原因を知らないでも驚いてなどいないということを，体裁の良い言葉で打ち明けているだけなのである」[1]。
　身体になにができるかということについての相対的な無知（「これまでは」。つまり，ひとつのプログラム全体のなかで研究が自由に行なえる）に，身体に対する霊魂の作用手段に関する全面的な無知が対置されている。つまり，共通なものがなにもない二つの本性がどのようにして相互作用をすることができるのかは，永遠に知られないだろうということである。大体そんなことは，想像もつかないからであり，したがって不可能であるからだ。

動物と夢遊病者

　身体の力が達しうるのはどこまでかはわからないが，その手がかりなら経験が与えてくれる。「……人間の知恵をはるかに凌ぐ，はなはだ多く

第17話　ビュリダンのロバ

のものが獣に見受けられる。夢遊病者は，目覚めているときには敢えてしようとは思わなかったおびただしいことを寝ているときにはやる点については触れないにしても……これらが十分示しているように，霊魂も驚くような多数のことを身体自身はその本性の法則のみからなすことができるのである」[2]。身体は，それ自体の自由に任せておいた場合には[3]，精神のいわゆる統治下にあるときよりもずっとたくさんのことを，はるかにうまくやれる。意識は，作用主であるどころか，むしろ抑制効果を持つのではないだろうか。夢遊病者は目覚めさせてはならないと言われている……。モロー博士[4]のように，動物たちに道徳意識を持たせるなどという，重大な結果をもたらす企てについては，語ることはしないが。

　結論づけることにしよう。「精神の決定と身体の規定とは，本性上，同時に起こる。あるいは，むしろそれらは同一物であって，われわれは，それが思考という属性のもとで見られ，この属性によって説明されるときにはそれを決定と呼び，延長の属性のもとで見られ，運動と静止の法則から導き出されるときには，それを規定と呼んでいる」[5]。霊魂と身体は，唯一にして同一の実体の二つの属性から見られた，唯一にして同一のものであるから，霊魂は，そもそも身体に作用を及ぼすことはできないし，身体は，そもそも霊魂に作用を及ぼすことはできない。

ロバと死

　中世のスコラ哲学者たちは，彼らの抽象的な構想を強固にするために，極端な状況を想像するのが好きである。いわゆるビュリダンの馬（腹が減り，同様に喉も渇いているのに，水と飼葉から等距離に置かれている）がその例証である。「もし人間が意志の自由で行動しているのでなければ，ビュリダンの馬のように，人間が平衡状態に置かれたなら，なにが起こるだろうか。彼は飢えと渇きで死ぬだろうか？　もしそれを認めるなら，私は，人間を想像しているのではなく，一匹の雌ロバもしくは一体の彫像を想像しているように見えることだろう。もし私がそれを否定するなら，人間は，自分の欲するすべてのことをなす能力に従って，自

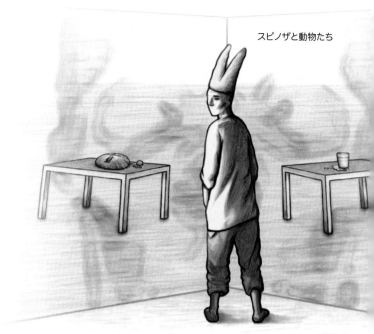

スピノザと動物たち

分自身を自分で決定するだろう」[6]。自由意志を否定するのは，人間を否定することではないのか？　人間を死に捧げることではないのか？　森で迷ったデカルト主義者の騎士なら，無差別な関心にもとづく自由とデカルトが呼ぶものを証明するから，自由に決断するのではないだろうか？

「そのような人間は飢えと渇きで死んでしまうだろうということを私は十全に承認する」とスピノザは答える。「そうした人間は，人間というよりはむしろ，ロバと評価されるべきでないかと私に問われるなら，私はそんなことはなにもわからないと言う。それは，自分で首をくくる人間や子供や愚者や狂人などについて，私にはなにもわからないのと同じである」[7]。

とどのつまりは，状況になにも例外的なところはない。霊魂でも，ロバのようなものでも，挟み撃ちに遭っている場合には，破滅に向かって突き進むようなことは普通に起こる。おまけにスピノザは，こうした状態に心情の動揺〔原文ラテン語〕という名前をつけている。この動揺の「情動に対する関係は，疑惑の想像に対する関係と同じである」[8]。人間は，恐怖と希望，愛と憎しみなどのあいだを動揺することがありうる[9]。自殺者，「身体が絶えざる動揺状態にある」[10]子供，愚者，狂人……動揺は人類共通の状態である。そこには「ロバ」[11]のような人間たちがごまんといる。こ

のような人間たちをどのように判断すればいい？　彼らも相変わらず人間なのだろうか？
　私にはそんなことはなにもわからない，とスピノザは認めている。それは，情熱の働きが人間を，非人間化するところにまで行きつくかもしれないということを意味するのか？　あるいは，道徳も，死の脅威も，そもそも人間本性を規定しえないということを意味するのか？　無知はひとつの論拠にもならない。死もまたそうである。

非常な危機に直面して
　スピノザは，哲学分野で活動を始めた頃に，心情の劇的な動揺にどのようにして彼自身が囚われたか，そこから思考の力だけでどのようにして逃れ出たかを物語った。彼は，決心を自由に固めたことでそこから逃れ出たわけではない。どんな人間でも同じだが，彼も平凡な幸せに魅せられていた。名誉，かね，リビドー[12]である。しかし，哲学者見習いとして，彼は，「発見し，獲得したなら，継続する無上の悦楽を永遠に享受させる」[13] ような真の幸福がないものかどうかを探求していた。とはいえ，彼は，平凡な生活の気楽さをそれでも断念することができないでいた。どのような妥協の試みもすべて不可能であることが明らかになった。というのも，人間が普通に追い求めるものが，それとは違ったことを「真剣に考える」のを妨げる結果，精神は，平凡な生活と新しい生活とのあいだで，選択を強いられていると感じるようになっていたからである。そのとき，「少しこの問題を熟考してみると」，平凡な生活の幸せは，われわれから離れ去り，われわれを悲しませるので，それ自体としては，思ったほど確かなものではないことがわかった。そして「たゆまぬ省察によって」[14]，平凡な幸せは，死を遠ざけるどころか，それ自身を追い求めると，死を早めさえするので，まちがいなく害悪であることさえ，彼には

「かねや快楽や名誉は，それ自体のために求められる限り，すなわち他のものへの手段として求められない限り有害である。」

わかったのである。したがって，結局のところ，本質的に確かな害悪と確かな幸福とのどちらかを選ばなければならないから，バランスを取ろうとしても無駄なのである。そのとき，後者が死に至る病に対する治療薬として見え始めてきたから，それがどれほど不確かであっても，全力を尽くしてこの治療薬を探し求めなければならなくなったのである。

とはいえ，それで十分というわけではない。「私は非常な危機に直面していた」[15]とスピノザは書いている。それにもかかわらず，「私はどんな貪欲やリビドーや名誉であっても，それらからすっかり抜け切るわけにはいかなかった」[16]。救いは，善を経験することからやってくるのであって，悪への恐れからはやってこない。「私にはひとつだけわかっていることがあった。それは，こうした思索にたずさわっているあいだだけは，精神はほかのことを嫌っていたということであり，新しい計画について真剣に考えていたということである。このことは，私にとって大きな慰めとなった。……とりわけ私が，かねや快楽や名誉は，それ自体のために求められるかぎり，すなわち他のものへの手段として求められない限り有害であることを知ったのちは，そのようであった」[17]。自由な意志も，死への恐れも，決心を固めさせない。むしろ最高の共通善という観念が決心を固めさせる。まずは二者択一として現われていたものを，それが唯一の目的のもとに集めるからである。真の自由とは，選択することにあるのではなく，すべてをつかむこと，理解することにある[18]。◆

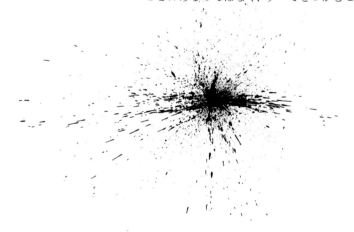

第18話

陶工の神

95

馬であることで大目に見られる

しかし，もし人間が本性の必然性〔自然必然性〕から罪を犯すなら，とスピノザは反論される[1]，悪者は大目に見てもかまわないことになるじゃないか？「それだからどうだと言うのでしょうか？」とスピノザは言い返す。「悪者が必然的に悪者であるときもまた，やはり悪者は相変わらず恐ろしいし，変わりなく危険です」[2]。だれもがみずからの自然，すなわち本性の法則から行動するように決定されている。そして，その点においては，すべてのものを大目に見てかまわないのである。「実際，馬は馬であって，人間ではないことについては大目に見ることができるのですが，それにもかかわらず，馬は馬であって，人間であるはずもないのです」[3]。

狂犬病患者と有害生物

「犬に咬まれて発狂した人は，無理もないわけではありますが，しかしながら，当然のこととして，窒息死せねばなりませんね。そして結局，自分の欲望を制御できず，法律への恐れによっても欲望を抑えることができない人間は，なるほど，その弱さについては大目に見られても，しかしながら，その人間は，心の満足と神の認識と神の愛に恵まれることはできずに，必然的に滅ぶのです」[4]。

大目に見てよい，にもかかわらず罪あり。

許せようと，許せまいと，悪いことをする存在は，相変わらず同じ程度に悪をなすものである。悪についての思索を悪に付け足さないようにしよう。自分から進んで，喜んで悪人になっているなどと，悪を非難しないようにしよう。というのも，けっして悪人は，悪そのものを，そのものとして望んでもいなければ，考えてもいないからだ。悪人は，異なる性質間の不一致の現われにすぎない。

「彼はさらに問うだろう。それではなぜ不敬虔な人間は罰せられるのか？ 彼らだって自己の本性から，神の決裁に従って行動しているのではないか，と。しかし私は答える。彼らが罰せられるのも，同じく神の

決裁によるのである。そして，もし自由意志で罪を犯すと考えられる人間だけを罰しなければならないのだとすれば，どんな理由から人間は毒蛇を駆逐しようと努めるのか？　毒蛇は，自己固有の本性にしたがって罪を犯すのであって，ほかにどうすることもできないのに，と」[5]。

　悪人は，自然本性から悪をなす獣と，違うところはない。あたかも，悪人なら取り締まりにあっても当然だとして，取り締まりを正当化すると想定されるような自由の議論は退場。ニーチェがのちに言うように，これは仔羊たちの言説だ。鷲が悪意から行動していると信じ込ませ，能力という可能態と行動という現実態とのあいだに，あるがままの姿とは違った姿で存在できるという可能性をでっちあげている。そこから，悔悟の念が生まれ，良心のやましさ，過誤——大文字の〈道徳〉なるものが生まれる[6]。

残忍？

　以上のスピノザの主張からは，大変どぎつい正義観が生じる。一部の人びとは，残忍な見方と言うだろうが。オルデンブルクは衝撃を受け，彼の返事のなかで，スピノザがためらいなく首を絞めていた人間に代えて，犬を持ち出している。「狂犬病にかかった犬の殺害は」と彼は抗議する，「他の犬，他の動物，さらには，人間自身に狂犬が咬みつくことを防ぐのに必要ではなかったとしたら，残忍との烙印をおされることでしょう。反対に，神であればできることなのですが，神が人間たちに健全な魂を与えていたなら，悪徳への感染などひとつも恐れるべきではなかったでしょう。そして，実際，人間がけっして避けることができなかった罪のために，神から永遠の拷問に，あるいは少なくとも一時的な厳罰に委ねられるというのは，残酷なことに思われます」[7]。オルデンブルクは，スピノザ張りの決定論者の神が残忍だと決めつけているが，その際には，自由だとされる神がはたして人間に健全な魂を与えたのかどうかを問題にすることなく，自由なる神はそうしていないのだから，これ以上非難をしても意味がないとしている。おそらくオルデンブルクは，人間に能

第 18 話　陶工の神

力がないことの責任は人間にあると判断しているのだろう。オルデンブルクにとっては，拷問を加えることではなく，正当な理由がないことに残忍さがある。スピノザは答えなかった[8]。

　権利を力に解消してしまう哲学者のほうは，絶対的な自然権から小さな魚を大きな魚が食らうのを冷たい目で見ているが，彼は残忍なのか？ゲーテが言っているように，悪徳を非難しないでいたら，悪徳を認めていると世間からは思われて，十分な角と爪が与えられなくなる……。しかしながらスピノザは，聖書の言葉を繰り返すばかりなのだ。陶工の手のうちにある粘土という，この同じ材料から，陶工がときには尊い器を作り，ときには卑しい器を作るように，人間も神自身の手のうちにある粘土のようなものだ，と[9]。神が球の特性を円に与えなかったからといって，円に文句を言わせるのは馬鹿げているように，神が人間に弱い本性あるいは無力な魂を与えたからと言って，だれも神に向かって非難の言葉を投げつけることはできない[10]。

獅子と猫

「だから，めいめいの自然権は，健全な理性によって決定されているのではなく，欲望と力によって決定されているのである。実際，すべての人間が理性の諸規則と諸法則に従って行動するように自然から決定されているわけではない。むしろ反対に，すべての人間はまったくの無知に生まれつくのであり，生きることの真の理由を知り，有徳の習慣を獲得することができるようになるまでには，たとえ彼らがうまく教育されたとしても，彼らの年齢の大部分が過ぎ去ってしまうのである。そして，それにもかかわらず，そのあいだも人間は生きなければならないし，自分のうちにある限りのもので，すなわち，欲望の衝動のみのもとで，みずからを維持しなければならない。というのも，自然は彼らに対して他のなにものも与えなかったし，健全な理性に従って生きる現実的な力を彼らには拒んだからである。だから，人間が健全な精神の諸法則に従って生きるように義務づけられていないのは，あたかも，猫が獅子の本性

スピノザと動物たち

の諸法則に従って生きるべく義務づけられていないのと同様である」[11]。

　それは，賢者から無知な人間までのあいだには，人間から獣までと同じくらいの相違があるということを意味するだろうか？　例のスピノザの選択が猫と獅子という二匹のネコ科の動物になったのも，たぶん理由のないことではない。不敬虔な人間は，実際，裁きの神とかいうものからでは確かになく，自分自身の敬虔さの欠如から罰せられる。そして，徳は獲得されるものであるので，獅子になるという問題は，当然，報償と制裁のあらゆる道徳の外側に存在することになる。　　　　　　◆

第19話

馬のリビドー

人それぞれにリビドーあり

「理性を欠くと巷間言われている動物たちの情動（われわれは実際，霊魂の起源を知って以来，動物たちも感じるということを疑うことはできないので）は，ちょうど，動物たちの本性が人間の本性と異なっているのと同じだけ，人間の情動から異なっている。もちろん，馬も人間も生殖への情欲に駆られるけれども，しかし，馬は馬らしいリビドーに駆られ，人間は人間らしいリビドーに駆られる。同じように，昆虫や魚や鳥のリビドーと衝動はお互いに異なっていなければならない」[1]。

伝統にはまるで気に入らない話だが，人間のセクシュアリティには，獣のようなところがまったくない。人間は，一匹の猿のようにずる賢くなろうと思っても，それはできない。一頭の虎のように嫉妬深くなろうとしても，それはできない，等々。嫉妬深さ，欲深さ，性欲の強さ，それらはいつも人間らしいものであるだろう。どんな情動であっても，およそあらゆる情動はひとつの様態であって，そのもとで，特殊な本質が明確に現われるのである。

能動／受動

みずからの存在を肯定する限り，あらゆる個別存在は，心地よさを味わっている。

「こうして各個体は，自分が形作られている通りに，自分の本性に満足するとともに，その本性を開花させながら生きているが，それにもかかわらず，各個体が満足しているこの生活とこの開花は，まさしくこの個体の観念あるいはその霊魂にほかならない。だから，一方の本質が他方の本質と異なるのと同じくらい，一方の開花と他方の開花は異なるのである」[2]。

昆虫であること，馬であること，人間であることに，ひとつの喜びがある。そして，あの人間，この人間であることにも喜びがある。種類の違いは，個体にも有効である。たとえば，とスピノザは言う，哲学者の開花があるように，酔っぱらいの開花がある。それは，馬の情動が人間

の情動と違うように，酔っぱらいと哲学者のあいだにも違いがあるということを意味するのだろうか——言い換えれば，彼らは比較にならないということを意味するのだろうか？「酔っぱらいがなにかに突き動かされて持つ本性の開花と，哲学者が統御する本性の開花とのあいだの隔たりは小さくはない」[3]。今度の情動のあいだにある区別は，刺激を受けた存在物の本性からできているのではなく，情動を引き起こす対象の本性からできている[4]。一方には，受動的情動がある——酔っぱらいの喜びに関して彼自身は妥当な原因ではない。彼の喜びは，彼の本性にまったく合致しない外部対象に依存している。他方には，能動的情動がある。すなわち，哲学者は自分の情動を統御している——彼は本当の意味で，自分自身の本性を享受している。したがって，受動性と能動性を隔てる距離について比較すること——そしてそれを歩ききること——にはおそらく意味がある。

　興味深いことにスピノザは，あらゆる受動的情動を一般的に指すために，最終的にリビドーという言葉を使っている。たとえば，『エチカ』終結部の全体は，「リビドーのみに駆られる無知な人間よりも，賢者がいかに優れているか」[5]を強調して結びとしている。リビドーは，「身体の混合に対する欲望および愛」[6]と定義されているところから，ある一定の仕方で欲望されるとはいえ，欲望される物体であれば，どのような物体にでも当てはめることができる。

リビドー思考批判

　「リビドーのなかでは，精神は，少しばかり良きものに十分満足しているような気分になり，どっちつかずの状態のままリビドーに拘束されている。このことが他の良きものについて考えることを，ひどく妨げる。しかし，それを享受したあとでは，非常に大きな悲しみが続いてやって来て，たとえ精神を中断させないまでも，それを混乱させ，それを鈍らせる」[7]。

　リビドーは，ある強烈な喜びとは切り離せない。しかし，この喜びは，

第19話　馬のリビドー

そのただひとつの原因と見なされた，外的なひとつの良きものに関する
判断力を鈍らせる。享受が過ぎ去ると，われわれの本性が変化する。す
るとそれは失望となる。つまり，この良きものは，欲望が信じ込ませた
ほど絶対的なものではなかったということをわれわれは思い知るのであ
る。しかしながら，この失望は，われわれを啓発するには十分ではない。
言い換えると，もろもろの価値のまぎれもない源泉であるわれわれ自身
の本性のほうへわれわれを向かわせるには十分ではない。反対に，それ
は精神を不安で，切れ味の鈍った状態のままにしておく――精神は，別
の対象，同じ対象でも構わないが，そうした対象に関して同じシナリオ
を再度始める用意ができている。こういうふうにして，リビドーはすべ
ての受動的情動へと広げられていく。対象はなんでも構わない。われわ
れは，本性を犠牲にして，まるで良きものの源であるかのように，その
対象めがけて飛び込んでゆくのである。
　人間のリビドーには，獣のようなところがまったくないが，しかし，
それはある一定の仕方で刺激された，まさしく人間本性そのものにほか
ならないので，この情動を撲滅することなど，問題にもならない。つま
り，セクシュアリティは，あらゆる情動と同じように，まったく自然な
ものだということである。しかし，リビドー思考に幻滅すると，本当の
意味で欲望の約束を果たせる対象，魂を「永遠かつ無限の喜び」[8] で満た
せる対象が存在しないかどうかを探ろうとするわれわれの覚悟が決まる。
このような対象の存在を探るには，人間本性を知らなければならないし，
なにが人間本性にとって本当に良きものなのかを知らなければならない。
人間本性のために，そして，ただ人間本性のためだけに。　　　　◆

第20話
蜜蜂と鳩

悪の相対性

　ウィレム・ブレイエンベルフはスピノザにこう聞いている。あなたが悪を慎むのは，われわれの本性に嫌悪を催させる食物を断つのと似ています。では，犯罪が本質に適っている人間がいるとしたら，どうなるのでしょうか？[1] はじけるスピノザの答え――「それほど邪悪な本性にとっては，犯罪が徳なのでしょう」[2]。蜜蜂と鳩がその好例である。

　「たとえば，私は，禁断の木の実を食べるんだとアダムが決心したこと，あるいは，そのように決定されたアダムの意志をとりあげてみます。この決心あるいは決定された意志は，それ自体としてとりあげますと，それが現実を表現している限りで，同じだけの完全性を含んでいます。この原理から出発すれば，われわれは，ある対象が別の対象との比較で，より多くの現実性を持っていない場合には，いかなる不完全性も考えることができないということを理解することができます。したがって，アダムの決心については，われわれがそれをそれ自体として考察するときには，そしてより完全な他のものとそれとを比較したり，あるいは，より完全な状態を示して比較したりしなければ，そこになにひとつ不完全なところを見つけられないでしょう。まったくもって，もっとはるかに不完全な別のもの，たとえば，石とか，木の幹とか等々のような不完全なものにそれを比較してみてもかまいません。こうしたことを，世間の人はみな，認めています。と言いますのも，人間たちのあいだで忌み嫌われ，嫌悪感とともにじろじろ見られているあらゆる類の事柄がありま

第 20 話　蜜蜂と鳩

すが，動物界にそれらがあれば，人は感心してそれらを見ているからです。蜜蜂の戦争とか，鳩の嫉妬とか，等々がそうです[3]。こういうものは，人間界では軽蔑されていますが，動物の完全性を増大させると判断されているわけです。そういう次第で，罪は，不完全性以外のなにものも表現しないので，アダムの決定とその実行のような，本質を表現する事柄のなかに鎮座するわけにはいかないということが明らかな結論となります」[4]。

悪は本質を少しも表現しない

　嫉妬とか戦争とかが，蜜蜂と鳩の本質を表現し，それらの本質の完全性を増大させるのに，どのような意味で，それらは人間本質を少しも表現しないのだろうか？　それは，人間の場合には，人間本質に反するなにものかを通じてこれらの情動が説明されることに必ずなるからだ。嫉妬とか戦争とかは，そもそも，人間の本質から生じることはありえない。反対に，嫉妬は，鳩の本質に必ず付属している。鳩は，つがい以外の関係で一羽でも個体を作る能力がない。あるいは蜜蜂であれば，彼らは，巣を出ると，他の巣にとっては敵となる。肯定形で事態を言い換えれば，嫉妬，戦争においては，鳩と蜜蜂は，満面開花するというわけである。

　反対に，人間にあっては，嫉妬は人間の特殊性ということから，ひとつの悪である。特殊性とは，情動の模倣のことである[5]。嫉妬は，人間の衝動的欲望に反し，彼をライバルに対する羨望（言い換えると憎しみ）

で満たすだけではない。さらにまた，愛そのものが憎しみに汚される。というのも，「愛するものの像を他者の恥部，汚い排泄物に結合せざるをえないので，愛するものを嫌う」[6]ようにさせるのが嫉妬だからである。そして，この憎悪は，愛が大きかった場合にはそれだけ大きくなるだろう。ところで，悲しみは，より少ない完全性への移行である。だから，嫉妬は人間にとってはひとつの悪なのである。

良き情動と悪しき情動

　このように，あらゆる自然物と同じ資格で，情動をそれらの原因から説明することができるばかりではなく，刺激された存在物の本質をそれ自体として考察することで，その本質との関係で，情動を評価することもできる。一個の完全な人間ということになれば，彼自身の本性の諸法則からしかけっして決定されないだろうから，そういう理想のモデルを模倣するのを助けるか，助けないかに従って，われわれの情動の良し悪しは判断されることになろう。人間が自然の一部を構成し，人間が存在する限り悪徳も存在するだろうから[7]，これはたしかに虚構であるが，しかしそれによって理性は成長することができるので，この虚構にも十分な根拠がある。理性は，この虚構を用いて，どんなに努力してでもこのモデルにできる限り近づこうとするだろう[8]。

　刺激された本質に従ってどんな情動の良し悪しも決まる。救い自体は，植物と動物にはまったく関係がないから，人間にとってのみいいものであり，植物と動物にとっては良くも悪くもない[9]。そして，救いへの道は，共通したひとつのモデル，すなわち人間本性モデルの決定と再現を経由する。　　　　　　　　　　◆

第21話

獅　子

105

ねたみ深い人の謙遜

　生まれつき人間はねたみ深い。言い換えれば，人間は彼らの同類の弱みから花開き，彼ら同類の有徳から悲しみを覚える。しかし，もっとも悪しき情念のなかにも，良きものがある。人は，同等のものしかねたまないということである。われわれの本性と共通点をなにも持たないものについては，人はねたまない。「いわんや，高さにおいて木を，強さにおいて獅子をねたむ人間はいない」[1]。おまけに，神に由来する高貴な存在として世間に認めさせて，ねたみから身を守ろうとするのもこの伝である[2]。しかし，人びとの文明度がそこそこであれば，詐術はうまくいかない。というのも，人間の平等は自然の事実であり，民主制はもっとも自然な国家だからである[3]。

　たしかに，無知な人間は，この平等を否定しようと，営々として努力する。彼は，みずからを輝かせようと身を焦がすあまり，他人については否定することを，自分自身に対しては肯定しようとやまない。そこから，彼の絶えざる自画自賛と中傷の言葉が出てくるし，他人の行動を歪めて解釈し，自分の行動をできる限り飾ろうとする忌むべきやり方も出てくる。それでも，ねたみのうちに謙遜があるのに変わりはない。ねたみを持つ人間は，ねたんでいる人間と同じ本性に属していることを認めているのだから。

模倣

　類似性は，情動の論理学においては特筆すべき効果を発揮する。われわれが自身で刺激を受けなくても，同類がこれこれの情動を感じとっていると想像するだけで，われわれはそれと同じ情動を味わう[4]。このような具合だから，同類が愛したり憎んだりしているのを想像するだけで，われわれは想像されたものを愛したり憎んだりする。他人が笑ったり泣いたりしているのを子供たちが見て，ただそれだけで同じように笑ったり泣いたりしているのを見たり，他人に気に入られているはずだと想像されるものを，子供たちがとても欲しがるのを見たりしたとき，子供た

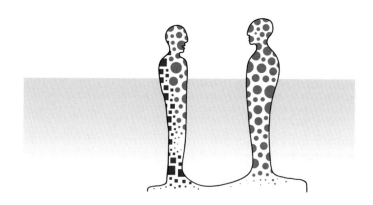

ちのうちにまず一番に認められる法則は、これである。次に、他人が愛したり憎んだりするものを、すでにわれわれが愛したり憎んだりしていれば、われわれの情動は強められるだろう。しかし、すでに他人が憎んでいるものを逆に愛したり、他人が愛しているものを憎んだりすれば、心情に動揺をきたすだろう。欲望ないし愛というものは、それを他人が同じく味わっていると想像すればするほど、同じだけ強くなる。だから、だれもが自分の価値をめいめいに押しつけるために努力し、彼が愛するものを全員が愛するように努力するのである。つまり、あらゆる情動を強めるのは、野心なのである[5]。「そこから、詩人のあの言葉も出てくる。
　　われら愛する者はかつ望み、かつ恐れよう、
　　他人の許しを得て愛するなんて、頑固なことだ」[6]。
　翻訳してみよう。恋人たちは他人が愛するものを愛したいと望む。必要なら、彼らは他人に対して、それを愛させようと努力する。しかし、「愛されている存在に対する賞讃を歌う瞬間に、彼らは、人から信じられるのを恐れることになる。ところが、他の人びとを理性によって導こうと努める人は、衝動的に行動するのではなく、人間味とやさしさとともに行動するから、その心中には、十二分の同意があり続ける」[7]。
　詩人の恋愛歌は、したがって、愛をしめくくる言葉ではない。この同じ恐ろしい情動は、「完全に所有することがだれにもできない」ような対象から離れ、われわれを共通善のみに結びつけるや否や、理性的なものになることができる。野心は、そのとき徳となり、人間性という美しい名前を持つ。

第21話　獅子

人間精神の力強さ

　理性は，われわれの本性に反するようななにごとも命じない。理性は，本性がそれ自体からのみ考察された場合に，おのずと出てくるものを表現するにすぎない——われわれの本性の諸法則とは，本性のなかから逆行するものすべてを取り除いたあとのものからできあがっている。しかし，理性が効力を発揮するには，それが情動的であることが必要である。精神が自分自身について瞑想し，その行動力と理解力を考察するとき，言い換えると，精神が妥当な観念を持つとき，もはや理性にしか依存しない喜びと欲望を精神は味わう。言い換えると，精神は，受動的ではなくなり，能動的となる。理性の情動のすべては，精神の強さの一言に尽きる[8]。『エチカ』は，自由な人間，言い換えれば強い人間の肖像画を描いている。こういう人間は，人びとのあいだで暮らしながら，万事は神的自然の必然性から結果することを知っていて，なにごとに対しても怒らない。危険を避ける術，あるいは危険に立ち向かう術を彼は知っている。彼は，彼の誤謬からも，彼の敵からも，憎しみや恨みを引き出さず，ただ彼の才能を試してみる機会のみを引き出す。さらに，とりわけ彼は，自分自身のために望むものを，他人のためにも望む。だから，彼は人びとの情念を模倣しないようにしよう——言い換えると，自分自身を模倣すべきものとして与えよう——と努力し，憎しみに対して愛と寛容で戦おうと努力している。そのような人間は，荒野のなかでよりも，都市国家のなかでもっと自由に生きるのだ。

真の栄光と空しい栄光

　すべての人間は，自分に栄光をもたらしたいと望む。言い換えると，自分自身の力を見て，直接喜ぶか，あるいは，彼らの同類が返してくる反射の光に喜びを感じるか，どちらかを望む。つまり，無知な人間と同じくらい，賢者も栄光によって導かれているということである。謙譲はひとつの悲しみであり，たいていは傲慢さの陰険な一形態であるから，美徳ではない[9]。

　しかし，真の栄光と空しい栄光は区別しておかなければならない。「各人にとって，真の幸福と真の至福とは，善の享受それだけにあり，他人を排除して自分だけでそれを享受するというかの空しき栄光にあるわけではない。……このような喜びは，子供じみたものでないとすれば，嫉妬と悪しき心からしか生まれてくることができない」[10]。自由な人間は，自分自身の本性が他人と共通したものを持っているという理由で，自分自身の本性を楽しむ。したがって，理性から栄光が生まれ出る可能性がある。「徳に従う人びとの最高善は，すべての人に共通であって，すべての人が等しくこれを楽しむことができる」[11]。

　真の認識は，人間たちの平等を壊さないただひとつの善である。それどころか，人は平等にそれを楽しむことができる。「本質を理性が規定する限りにおいて，この善は，人間の本質そのものから導き出される。そして，人間がこの最高善を楽しむ力を持たなかったとしたら，人間は存在することも，考えられることもできなかっただろう」[12]。おそらくこれこそが，人間についてスピノザが与えたもっとも正確な定義である。　◆

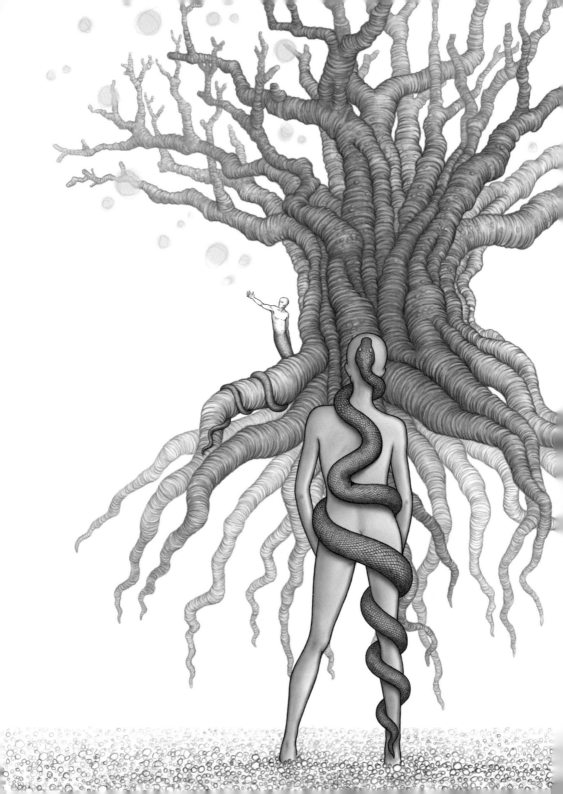

第22話

蛇

悪魔

　神学者たちによれば，最初の人間は，完全で，自由で，賢かった。そして，事情を十分心得たうえで，神に従わなくなった。だから，彼は罰に値したのである。ナンセンスだ，とスピノザは言う。彼が自由で，賢く，自分の能力を十二分に所有していたのなら，どうやって死んだのだろうか？　だから，最初の人間は，自分の理性を正確に用いる力がなく，われわれと同じように，もろもろの情念にさらされていたと認めようではないか。

　しかし，と人は言う，悪魔が彼をだましたのだ。同じ質問をしよう。「それなら，悪魔自身をだましたのは，だれなのか？　あえて私は言う。あらゆる知的被造物のなかでもっとも優れた被造物を，神よりも偉大なものになろうと望ませるほど分別をなくさせたのはだれなのか？　彼自身なのか？　というのも，彼の精神は健全であり，彼は，自分の内にある限りのもので，自分の存在を保持しようと努力していたからである」[1]。

　絶対に悪く，神に完全に反対し，しかも不完全な存在であれば，一瞬たりとも生存することはそもそもできないのではないか。否定的な力，あるいは否定形の力なんてものは存在しない。というのも，こんな概念は言葉の自家撞着だからだ。したがって，自然的原因による以外の形で，憎悪とか，ねたみとか，怒りとかを説明しようとして，悪魔の存在を認めても無駄である[2]。

　だから，悪魔は退場。蛇は残れ。

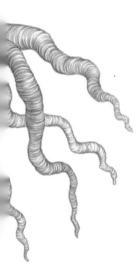

アダムの話を解釈する

　スピノザは，この話は単純な物語ではなく，ひとつのたとえ話だと見ている。

　「人間を創造したあの能力，人間の効用に資するもののみを供給する能力以外に，実際に，神の能力は，その物語のなかでは考えられない。そしてこの考え方にそって，神は自由な人間に対して，善悪を認識する木の実を食べることを禁じた，と物語られている。そして，それを食べ

るや否や，彼は，生きることを望むよりもむしろ，死を怖がらなければいけなくなった，……と物語られている」[3]。悪を恐れて行動し，間接的にしか善を追及しないのであれば，それは奴隷の振る舞いであり，自由人の振る舞いではない。自由人は，死などこれっぽっちも考えないし，彼の英知は生についての瞑想である[4]。だから，アダムの話は，『エチカ』第四部，定理六八を例証しているのである。「もし，人びとが自由に生まれついていたとしたら，彼らは自由であるあいだは，善悪の概念をけっして形づくらなかったであろう」[5]。

　これが「自然の神的法則」というもので，それを神はアダムに啓示したのである。すなわち，善悪観念は人間生活にとっての毒素なのだ。理解力を欠いたアダムは，この啓示を，彼が自由に侵犯して構わない禁止事項と誤解した[6]。どんな瞬間に侵犯は起こったのか？——良心が毒されたときでしょうか？　いいえ。「それから人間は，自分の本性と完全に一致する女性を発見したとき，自分にとって，自然のなかには彼女より有益な何ものも存在しえないことを認めた」[7]。しかし「彼は，獣が自分と同類であると思ってからは，ただちに獣の情動を模倣して，自分の自由を失ない始めた。そののち，救世主の精神，すなわち神の観念に導かれて，族長たちがこの失われた自由を再び回復した。だから人間が自由であるかどうか，自分に望んでいる善を他の人間たちのためにも望むかどうかは，まさにこの神の観念のみにかかっているのである」[8]。

解釈を解釈する

　悪を自由に選択すれば，罪になるのではなく，善悪の存在を信じれば，罪になるという。奇妙な解釈だ。それでも，聖書の文章には即している。というのも，一方では，聖書の文章が狙いをつけているのは認識一般ではなく——迷信家たちには気の毒だが——，善悪の認識——この認識は必然的に妥当なものではない[9]——である。他方では，蛇が現われたことを真面目に取り上げるなら，アダムにとっての罪は，自分自身の本性を犠牲にして，蛇をモデルと思いこんだ点にあったと言ってもいいだろ

う。
　実際，アダムはまず，女性が彼と同じ本性に属するとして，女性という存在をまったく好ましいものと認めた。アダムが動物を真似し始めた——彼女の助言にもとづいていることはたしかだが，しかし，その詳細についてスピノザはとりあげさえしない——のは，そのあとのことにすぎない。堕罪の原因は，悪魔ではないし，女でもない。そうではなくて，動物の真似をすることである。だからニーチェは，道徳のなかの「動物たちとそれらの判断能力の遺産」[10]を告発するのである。私にとって，良いもの，あるいは悪いものはそれ自体として良いのか悪いのかどちらかであり，私に対して良いことをしてくれるか，悪いことをするか，どちらかのためにのみ存在すると信じること，さらには，私にとって有益な人間は根っからの善人であり，有害な人間は根っからの悪人であると信じること——これらが道徳の「恐ろしい卑小な結論」である。事実として，動物たちは——彼らにとっての世界であるその環境のなかで——こんなふうに自生的に生きている。ちなみに，鳩の嫉妬や蜜蜂の戦争が，これらの動物たちにとっての完全性であるわけは，こういう理由によるのである。しかし，われわれにとっては，そうではない。われわれにとって，自由への道は，善悪観念の批判を経由する。

毒から薬へ
　批判であって，拒否ではない。なにしろ，われわれは，模倣能力をうまく使えれば，自由に生まれついたわけではないのに，自由な人間になれるのだから——この過程の全体で，自由な人間のモデルを作ろうとするときに善悪観念がそれなりに使える。そのようなものとしてのみ善悪観念をとりあげれば，使えるということである。善悪を超えた存在である自然に照らせば，善悪観念は虚構となるが，しかし，それは有益な虚構なのである——われわれにとっては。
　このモデルに近づけるように——すなわち心身の能力を増大させられるように——してくれるものが，良いと言われ，モデルからわれわれを

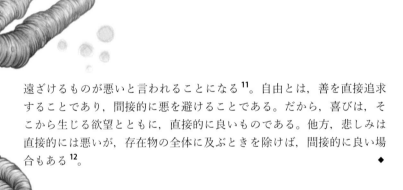

遠ざけるものが悪いと言われることになる[11]。自由とは，善を直接追求することであり，間接的に悪を避けることである。だから，喜びは，そこから生じる欲望とともに，直接的に良いものである。他方，悲しみは直接的には悪いが，存在物の全体に及ぶときを除けば，間接的に良い場合もある[12]。　　　　　　　　　　　　　　　　　　　　　　◆

第 23 話

憂鬱な気分の人

115

悲しみは悪いものだ

　ある言い伝えによると，アダムは罪に堕ちたのち，深い鬱状態に陥り，たったひとりで，獣たちのあいだで暮らそうと出発したという。しかし，スピノザによれば，憂鬱，そして獣たちを選んだことは，罪の結果ではなく，罪そのものである。悲しみなら，間接的に良いことも起こりうるが，憂鬱となると，「悲しみがすべての部分を同じように刺激している」[1]──から，それは絶対に悪い。

　「喜びを手に取ることを禁じるのは，ゆがんだ悲しげな迷信のみである。というのは，いったいなんで憂鬱を追い払うことよりも飢えと渇きをいやすことのほうが望ましいのかと思うからである。私の原則と信念はこれである。どのような神性も，ねたみ深い人間以外のどのような人間も，私の無力さと苦しみを喜びはしない。ほかのだれも，われわれの涙や嗚咽や恐れや，その他，内心の無力さのしるしを徳と取り違えはしない」[2]。

スピノザと動物たち

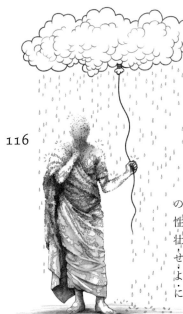

理性の無力

有徳の名において, 憂鬱が悲しみを徳として取り込むのは最悪の事態である。というのも, 善悪についての真の認識における理性の進歩には, 少なくとも初めのうちは, 情動の力を前にした悲壮感が不可避的に付随しているからである。伝道者が, 知識が増せば痛みも増す[3]と言うことができ, オウィディウスが, われはより良きものを見てこれを可とす, されどわれはより悪しきものに従う[4]と言うことができたのも, このせいである。

社会でも同じことである。「なぜなら, 人間というものは種々様々であるが(理性の掟に従って生活する人間はけだし稀であるから), しかしながら, たいていはねたみ深く, 憐憫よりも復讐に傾斜しがちであるからだ。だから, 気質とともにまるごと彼らを受け入れ, それでいて彼らを真似るのを自制するには, 特別な精神力を要するのである。一方, 人間を非難し, 徳を教えるどころか, 悪徳を罵倒することしか知らない人びとは, 自分では耐え難い思いがし, 他人にはつらい思いをさせる。そのせいで, 多くの人びとは, 過度の性急さと誤った宗教熱から, 人間のあいだで生活するよりも, 獣のあいだで生活することのほうを選んでしまった……」[5]

そもそも, ありえない望みだ。彼の動物図集の奥底から, 憂鬱な気分の人が友だちに助けを求め続けている。友だちがいないと生きていけないんだ, と。

「だから, 諷刺家たちは, 人間にかかわる事柄について, 欲するがままにあざ笑えばよい。神学者らは, それらを嫌悪するがよい。憂鬱な気分の人間は, できる限り, 教養のない田舎ぐらしを讃美し, 人間を軽蔑し, 獣を賞讃するがいい。そうは言っても, やはり彼らは, 人間が必需品を相互扶助によってはるかに容易に調達でき, いたるところで脅威となっているさまざまな危険を避けられるようにするためには, 力を合わせるほかないことをやはり

第 23 話　憂鬱な気分の人

117

経験するだろう。人間たちの行動を考察するほうが，獣の行動を考察するよりもはるかに価値があり，われわれの認識にもはるかにふさわしいという点については，いまは黙して語らないが」[6]。動物は感心だ。彼らは裏切らないし，約束しない。彼らは，あるがままでいることができる。他方，人間は，有徳な状態を手に入れられるようになる前に，人生の大半が過ぎ去ってしまう[7]。しかし，人間たちに理性を教え込むという課題ほど，人間の力量をまさにこれ以上よく示せるものはほかにない[8]。

　だから，理性にもとづく理想と，それに自由人というモデルを，悪口のネタにするようなことは差し控えよう。

ダビデ

　そして，われわれもまた憂鬱な気分の人に対していらだたないように気をつけよう！　反対に，彼らにとって良いことを考えてやるようにしよう。スピノザは，ちらりとそのことに言及している——善悪は，それ自体としてはなんでもないと指摘しているときに。「同一の事物が良くもあり，かつ悪くもあるということがありうるし，そこに違いさえない場合がありうる。たとえば，音楽は，憂鬱な気分の人間には良いが，悲嘆にくれる人間には悪い。しかし，耳が聞こえない人間にとっては，音楽は良くも悪くもない」[9]。

　音楽は，だから，憂鬱な気分の人のためのものだ。　　◆

スピノザと動物たち

第 24 話
家 畜

人間は牛なんかじゃない！

　暴君の夢は，人間を駄獣に変えてしまうことだ。自分自身のためにはなんの役にも立たない奴隷，ただひたすら〈君主〉の命令のみにもとづいて，考え，望むことしかせず，あたかも自由のために戦っているかのごとく，隷属のために戦い合う奴隷に人間を変えるというのが暴君の夢だ。自由は苦悶と憎悪と恐怖から切り離すことができない，といういんちきな自由像を広めることに暴君が利益を見いだすわけは，このことに起因している。だから，人びとを愚鈍にし，彼らを盲目的従属へと仕向けるものはすべて，暴君の利益となる。

　幸いなことに，この夢は絵空事(キマイラ)にすぎない。ひとつの種を別の種に変えることは不可能である。暴君は駆けずり回っても無駄だし，「彼らの人間本性を捨てさせて，別の本性をまとわせるというようなことは」できっこない。「人間に嘲笑を引き起こしたり，あるいは嘔吐を催させたりするものを，尊敬しながら眺めるように，人間に命令すること」は，「机に対して，草を食べるように命令すること」とか，「人間に空を飛べ」と命令することとかと同じだ。「自分自身で作った法律を自分から破り

第 24 話　家畜

119

ながら，同時に自分の威厳を保とうとすることは，存在していながら，同時に存在しないことが不可能なのと同じく，不可能である」[1]。

　というのも，「理性を付与された人間が人間ではなくなって，家畜として扱われるのを許すほど，自分自身の権利を放棄することはけっしてない」[2]からだ。むしろ反対に，「人間から喋る自由を取りあげようと奔走すればするほど，抵抗への執拗さはつのるだろう」[3]。実際，恐怖感は，情動的模倣によってたちまち憤激に変えられる（義人が迫害されているのを見るのは耐え難い）。そうしたら，大衆（マルチチュード）がみずからの力を再び取り戻すだろう。実際には，大衆（マルチチュード）は，一度もそれを手放した覚えはなかったからである。

付和雷同が進む

　それにもかかわらず，至るところですでに動物化が進行しているように思える……。実際，大部分の人間は，理性よりも劣るなにかケチなもので支配されている。そして至高権力は，「権力の思いどおりのものを大部分の人間が信じたり，愛したり，憎んだりする」ように持っていくための「おびただしい手段」[4]を自由自在に使っているのである。「数多くの，ほとんど信じがたいような手段を使えば，人間の判断を左右することができる」[5]。たとえば，狂信的な愛国心を養うために作られていた古代ヘブライ人の信仰は，ついに「天性に変化する」[6]ことになった。トルコ人にあっては，ただの議論が神への冒瀆と見なされ，ついには，疑うことができなくなってしまった[7]。最悪なのは，こんな国家が市民の平和と安全を守ると主張していることである。「都市国家の平和が臣民の無気力の結果にすぎず，臣民がまるで家畜のように導かれていて，単に隷属することのみを知っているにすぎない場合には，都市国家というよりはむしろ荒野の名がふさわしい」[8]。

人間らしい生活

　「したがって，最善の国家とは人間が和合して生活を送る国家のこと

第 24 話　家 畜

「都市国家の平和が臣民の無気力の結果にすぎず，
臣民がまるで家畜のように導かれていて，
単に隷属することのみを知っているにすぎない場合には，
都市国家というよりはむしろ荒野の名がふさわしい。」

である，と私が言うとき，人間らしい生活という言葉を，私は単に血液
循環とその他すべての動物に共通した機能によって規定されるばかりで
なく，主として理性によって，精神の勇気と真の生命によって規定され
るような生活の意味で使っている」[9]。ここで，スピノザが古代ヘブライ
人の狂信や東洋の野蛮——あるいは彼の同時代人であるホッブズが理論
化した近代国家に狙いをつけているのかどうかを言うのは難しい。ホッ
ブズによると，国家を設立するものは，命永らえることへの共通欲望で
あり，さらにそれ以上のものである。すなわち，それは暴力的な死への
恐怖である。悪が怖いという，ただそれだけの理由から決心を固めるこ
と，イギリスの哲学者によれば，これこそが救いへの道である。肯定的
な善なるものは，ただひとつで，それは人間にも動物にも共通している。
良いとは，血液が循環できるようにするもののことであり，悪いとは，
血を流させるもののことである。「血液が循環している限り，［…］人間
は生きている」[10]。反対に，人間に共通した霊的なひとつの善〔信仰のこと〕
にもとづいて国家を打ち立てようともくろむことは，血みどろの日々を
用意することである。だから，人間たちにとっては，彼らのすべての権
利を〈主権者〉に委譲することが彼らの死活的利益となる。〈主権者〉の
唯一の役割とは平和を保障すること，すなわち，臣民の命を永らえさせ
ることである。
　スピノザにとっては，このような論法は欺瞞に基礎を置いている。「も
し，野蛮，奴隷制，荒野を平和と呼ばなければならないとしたら，平和
ほど人間たちにとって惨めなものはない」[11]。人間たちが命のために死ぬ
かもしれないのであれば，変異と変形の問題が，生き延びるという問題
に取って代わる。そして，人間以外の生き物を模倣することは，個人の
罪であるばかりでなく，典型的な国家の大罪となるのである。　　　◆

第25話

記憶喪失に陥った詩人

詩人の死

　ムーサイは〈記憶〉[1]の娘たちである。そのためであろうか？　スピノザは、彼の非常に奇妙な死生観を説明するために、ある詩人の例を取り上げる。「私が理解する限りでは、身体の死は、身体の諸部分が互いに別の運動と静止の関係を維持するような仕方で配置されるときに生じる。というのも、血液が循環し続けているにもかかわらず、また別のいくつかの理由で、身体が生きていると信じられるにもかかわらず、それでもなお、人間の身体は、自分の本性とはまったく異なる別の本性に変化できることを、私はあえて否定しないからである。

　実際、身体が死骸に変化した場合に限って、身体の死を認めざるをえないような理由は少しもない。経験は、それとは別のことを納得させようとしているとさえ思われる。実際、ある人間に変化がいくつか生じて、彼が同じ人間だとは言いがたくなるようなことが起こっている。私がスペインの詩人についての話を聞いたところでは、病気にやられたこの詩人は、ずいぶん良くなったにもかかわらず、過去に送っていた生活をすっかり忘れた状態になったために、彼が書いた寓話と悲劇の数々を自分のものだとは信じないほどだった。そして、たしかに、彼が自分の母国語までも忘れてしまっていたとしたら、赤ん坊のような大人と彼を誤解することもありえただろう……」[2]。

　死とは生命機能がやむことではない。死とは形が変わることである。そして、もし人間の人間性が精神の真の生命に本質的に存するのであれば、人間が生きたまま死んでいるという可能性も排除できない。アルベルト・ブルフは、自分の理性を完全に否定し、自分の昔の先生であり友人である人間を度を越した尊大さで叱責したので、彼は本当に前と同じ人間であったのだろうか？　スピノザは、そう疑っているように思える[3]。血液は相変わらず循環しているが、別のところを回っているんじゃないのか。ああ、なんてことだ！　もはやうまくいっていないのか、あるいは、同じやり方でもうやっていないのか。別の血液がかわりに入ってきたんじゃないかと尋ねたいほどだ。

とはいえ，記憶喪失に陥った詩人は，人間としては死んでしまったのだろうか？　彼が自分の言葉の記憶をも忘れていたとすれば，正真正銘，彼は違うもの——子供のままの大人，奇怪なキマイラ——になってしまっていたはずだ，とスピノザは言う。したがって，例は，あまりふさわしくないと思わなければならない（「そう言うのはむずかしい」。けれども不可能なわけではない）。だから次の例のほうがなお一層適切である。「そして，もしこうした話が信じがたいことに思えるなら，孫たちについてはどう言えばいいのだろうか？　他人にならって推測をしなければ，彼らの本性があまりにも自分の本性と違ってしまっているので，かつて子供だったことがあるとは納得できないほどになったと，あるお年寄りは思っている」[4]。ところで，自分の幼い頃を思い出すには他人の例を仰がなければならないとしても，われわれが子供だった点に間違いはない。子供の頃の記憶が途切れると，それが原因で，「人間身体がその本性とまったく異なる別の本性」[5]になるのだが，しかし，それは「本性が許すかぎりでの」話である。だから，人は，みずからの本性を保ちながら，別人になることができる……。そこから，記憶はある存在物の自己同一性を定義するのには十分ではない，と結論づけてはいけないだろうか？

昆虫に変わった馬

スピノザが大文字で〈詩人〉と名づけて，もっとも頻繁に引用する人物は，『変身物語』の作者オウィディウスである。スピノザがありえない変態を借りてくるのは，彼からである。木に変わった人間，あるいは石から生まれた人間，神に列せられた王[6]。そして，愛゠情欲の幻想的相剋[7]。まるでスピノザ哲学は「反」詩であるかのようだ。いやむしろ，それは熟年のようであり，詩人の第二の生であるかのようだ。ありえない変身に対しては，哲学は，力が増大するか減少するかという現実的な変異を置く。「ある人がより小さい完全性から，より大きい完全性に移ると言うとき，そのことで私は，ある本質ないし形式から別の本質ないし形式に移るということを言おうとしているのではない。たとえば，一

頭の馬は、一匹の昆虫に変わった場合と同じく、人間に変わった場合も、破壊されている。しかし、私が言おうとしているのは、力が本性に含まれる限り、その行動力が増大したり減少したりしていると解釈しているということである」[8]。

　より強い人間本性を構想し、かつ実現すること。このオランダの哲学者がわれわれに提案する変異は、これである。しかし、彼の母語はスペイン語だった——そして、死に至る病として平凡な生活を試してみたのち、この哲学者はついに、まったく別のやり方で、彼の心像(イメージ)と同様に、彼の生活や思考を組み立てることになるのである。　　　　◆

第 26 話

二匹の犬

いやな情念め

「われわれは，情念に対しては絶対的支配権を持たない」。こう断言して，スピノザは道徳思想家たちから違いを際立たせている。

「ストア派では，情念が絶対にわれわれの意志で決まると考え，われわれは絶対に情念に命令できると考えた。しかしながら，彼らは，情念を抑制し，統御するためにはかなりの習慣と訓練とを要するということを認めざるをえなくなった。彼らの原理からそう言い出したのではなく，経験派からの抗議を受けて，そのことを認めたのである。ストア派のひとりは，このことを（私の記憶が確かなら）二匹の犬の例で示そうと努めた。一匹は，家の飼い犬，もう一匹は猟犬だった。習慣のおかげで，家の飼い犬は猟に慣れ，猟犬は反対に，兎を追わなくなったというのである。デカルトも少なからずこの意見に傾いている……」[1]。

デカルトもとりあげているストア派のたとえでは，賢者は一種の主人＝猟犬である。まるで情念は，われわれにとって外部にある力であるかのようであり，そうだとしたら，意志の力を借りてそれを調教することも，馴らすこともできるかのようである。

スピノザは，霊魂が身体に及ぼすあらゆる作用を認めないのと同様に，この図式も認めない。情念とは，私自身のことにほかならず，その私自身は，あるやり方で外部原因の刺激を受けているのである。だから，そこから解放されるということは，私を私自身で変えることである——これらの犬が犬の本性を保存したままその性格を交換するのにならって，他の本性を帯びることなく，他のものになるということである。

「なぜなら，霊魂の能力は，もっぱら知性によって決定されるから」——つまり，身体に及ぼされる自由意志によってではなく，もっぱら理解力のみによって決定されるから——「情動に対する治療法を決定するのは，ただ霊魂の認識のみである。私が思うに，そうしたことの経験はだれでもみな持っているが，ただそれを入念に観察したり，判然と識別したりはしていないだけなのである。そして，霊魂の至福に関するすべてのことを，われわれはこの認識そのものから導き出すつもりである」[2]。

知性と想像力の鎖

　必然性は万物にあまねく及んでいるが、しかし、隷属の鎖は自由の鎖に姿を変えることがありうる[3]。だから、われわれはもはや、経験が教えることにしか関心を持たないようにしよう。すなわち習慣と訓練がそれである。解放は、段階を追って進む漸進的なものとなる。

　はじめのうち、情動の真の原因に関する認識は、それらの原因を想像上の原因から切り離すのに効力を発揮する。すなわち、想像上の原因を、そのものとしては破壊するのである。「実際、愛あるいは憎しみの形式を構成するものは、外部原因に付随する喜びあるいは悲しみである。そこで、外部原因が除去されれば、愛と憎悪の形式も同時に除去される。そして、これらの情動ならびにそれらから生じるものは破壊される」[4]。

とはいえ、スピノザによると、死はひとつの力の消滅ではなく、形態の取り替えであったから、情動的能力をわれわれが真の観念に結びつける限り、この能力は手つかずのまま残る。というのは、「人間が能動的と言われるのも、受動的と言われるのも、唯一で同一の衝動的欲望のみによる」[5]からだ。たとえば、野心は、豊かな想像力の体制のもとでは、傲慢さとほとんど違わない情念である。理性の命令下に置かれれば、それはひとつの徳であり、道義心ないし人間味と呼ばれる[6]。

　とはいえ、だれもが自分自身について獲得できる明晰な認識は、絶対的なものというよりもむしろ、部分的[7]あるいは概括的なもの[8]である。ただ神のみが、自分自身を完全に認識している。だから、情動を支配するには、情動に関する認識のみでは不十分である。治療薬は、想像と同盟することである。表象（イメージ）との結合がなければ、知性は無力なままであろうということである。こういうわけで、われわれは、法則という形態ではなく、個々の事例という形態のもとで、万物の必然性を感じる習慣を

持つということになる。つまり、「より判然と、また、より生き生きとわれわれが想像する個別的事物に、事物が必然的であるという認識が支えられれば支えられるほど、経験がそのことを証言しているように、情動に対する霊魂の支配力は大きくなっていく。実際、ある良きものの喪失に起因する悲しみも、この良きものがどのようなやり方をしても保持されるわけにはいかなかったのだと考えるやいなや、たちまち緩和される……」[9]。そこから、「それぞれ事物には、良い点がつねにあることを眼中に」[10]置くことで、想像力を文字通り調教するという課題が出てくる。たとえば、われわれは、侮辱に関して人びとが作り上げる表象を、憎しみを追い払うには寛仁な心を持てばいいとの一般法則に関する想像力に結びつけるのに慣れてしまえば、「そのとき侮辱あるいは、通常そこから生まれる憎しみは、想像力の極小部分を占めるだけになり、容易に乗り越えられるものとなる。これと同じく、恐れを捨てるには、霊魂の強さを思い、生命の危険など普通に起こることだという考えで自分の想像力を満たさなければならないし、精神の存在と強さによって、危険を避け、危険をあますところなく克服しなければならない」[11]。

　そこでは、もはや、時間を考慮するしかない。「表象あるいは情動がより多くの事物に関係すればするほど、それは頻繁で活発なものになり、それだけ、それらは一層精神を占める」[12]。そして、おのおのの情動のなかに存在する明晰なものを理解することによって、精神のほうは、すべての情動ないし表象を、原因としての神の観念に結びつける。つまり、われわれは神を愛するということである。そして、「悲しみの原因をわれわれが知れば、悲しみは受動〔情熱〕でなくなる。すなわち、悲しみではなくなる」[13]。なにものも神を憎もうとしても、それはできない[14]。このようにして、感謝に満ちたひとつの記憶が形づくられる。他者における（われわれも他者であるからには、そうした他者一般における）恨み

やつらい思いや羨望などは，喜びと愛に変換される。この愛は，通常の愛にありがちな浮き沈みを免れている。より一層多くの人びとがそのような愛を分かち持っているのをわれわれが想像すれば，それだけこの愛は強くなるだろう[15]。したがって，この愛は，絶え間なく成長し，ついには，精神を十全に占めるまでになるはずである。そのとき，精神は，家で喜びを味わっている犬が，結局は兎が走り去るのをほうっておくように，束の間の情念に打ち勝つことができる。

永遠の相

　ところで，スピノザ自身が明らかにしていることだが，神にすべてのものを忠実に関係づけ，この不動の固定点に精神を集中することで，通常の言葉では，あるいは彼の言葉をもってしても表現しがたいなにかが起こるというのである。それについては，多分このイラストで大体のところがわかるだろう。

　われわれがすべての表象を関係づける神は感情的にならない。というのも，そもそも神はだれをも愛しようがないからだ。言い換えると，神の外部にはなにもないし，神は無限の力だから，外的な原因に由来する観念で喜ぶことはありえないのである。したがって，およそ「神を愛する者は，見返りで自分が愛されることを求めない」[16]のである。数個先の定理では，スピノザは，神はみずから自身を愛すると断言し，神は人間を永遠にして無限の愛で愛する[17]と断言している。矛盾しているのではないか？　一匹の犬が同時に猟犬であり家の飼い犬であることと同様のことで，矛盾ではない。猟犬は，主人に兎を持ってくる。しかし，飼い犬は主人のために，主人として，家の全権を握っている。愛し合うという愛の相互性を獲得するために払われるどんな努力をも真の愛が排除しているからこそ，私の理解力と神の理解力とのあいだで，純粋で単純な同

第26話　二匹の犬

129

一化から逆に相互性が生じるのである。そのとき，私は，私の思考を神に結びつけることだけでは満足しなくなって，まるで神のように思考する。言い換えると，神が私のうちで思考し，そして神は，自分自身を原因として考える観念とともに，永遠にして無限の自己自身の力を享受しているということである。私の神に対する愛の見返りに，私は，同じだけ受け取るのでなく，無限に多く受け取る。神の「人間に対する」[18]愛をである。

　人類にあって，なにがこの類に独特なものなのだろうか？　自由意志ではないし，感情ではないし，霊魂ではないし，おそらく理性でさえない[19]。「永遠の相の下に」個別的事物を見る能力，感じる能力，自己自身と他者を見る能力，感じる能力こそが，類に独特なものなのである。　◆

第27話

子供

131

人間の固定化

　人間であるための必然的・自然的条件は，一人前の人間になる前は
子供であるということだ。言い換えると，ほぼ絶対的な弱さと無能力
な状態から始まるのが条件であるが，とはいえ，この状態は，力の欠
如という状態ではなく，むしろすでによりよい状態を，すなわち
「もっと強い人間本性」を夢見ることができるような力が存在して，
それが最小の段階にあるという状態である。だから，まるで直接大人
として生まれることができるかのように，この状態を哀れと思う必要
はない[1]。しかし，この夢には意味と形を与えなければならない。そ
の際には，与えられた真の観念から妥当な観念を形成するやり方をと
る必要がある。

　子供時代には，二つの道が開かれている。通常の坂道をとると，子
供のあどけなさをとどめながら成長していくことになる。この状態は，
外部権威に対する従属を特徴とする——初期の頃には従属は喜んで受
け入れられるにせよ，青年期には激怒してそれに異議が唱えられるに
せよ[2]，隷属状態からは脱していない。そして，子供のままの大人く
らいひどいものはない。というのも彼は，子供の体の柔軟性と均衡を
もう持たないからだ。「選ばれし」——子供っぽい信念——民が自分
自身の子供たちに対して排他的な愛を持つなかで，強迫観念となって
いる日常生活・家族生活の儀式を遂行するロボットとなるとき，人間
が将来どんな姿になりかねないかについてひとつの像をこの選民が描
き出すのである。モーセの教えのせいで永久に子供状態のままにとど
め置かれてきたヘブライ人は，なんであれ，律法以外のことをやって
もよろしいという許しを得ていなかった。「勝手に耕すことが彼らに
は許されておらず，定められた時期と定められた年にかぎって，しか
も，一種類の家畜だけを使って耕すことができただけだった」。その
結果，「彼らの全生活が絶えざる服従の修練となり，彼らにとっては，
服従は……自由と区別がつかないものになってしまった」[3]。そのうえ，
このことで，とどのつまり，「不服従の民」[4]が生産されるばかりだっ

たのである。

人間の変異

もうひとつの道は，賢者がたどる「確かな永遠の必然性」[5] の道である。それは，想像的なものを徐々に根本から作り直すために，小児期の流動的な可塑性とよりを戻して，ついには知性に即したやりかたで，想像的なものを秩序づける道である。

適応力がほとんどない子供の身体は，外部原因にこのうえなく依存している。だから，彼の霊魂は自分自身についても，神についても，事物についてもほとんどどんな意識も持たない。「しかし，ここで注意しなければならないのは，われわれは絶えざる変化のなかに生きているということである。……だから，この人生において，われわれはとくに小児期の身体を，その本性の許す限り，またその本性に役立つ限りで，他の身体，すなわち，きわめて多くのことに能力があり，自分自身と神と事物についてこのうえなく意識するような霊魂に結びついている身体に変化させるよう努めるのである。そのように変化すれば，……記憶あるいは想像力に結びつくすべてのものは，知性に比べると，ほとんどとるに足らないものになるに違いない」[6]。

人間の永遠性

「人間の霊魂は」，実際，「絶対的に破壊されるわけにはいかない。そこにはある永遠なものが残っている」[7]。この永遠性は，時間のなかで生き残ることとは，共通点がなにもない。「永遠性は，時間によって規定されるわけにはいかないし，時間とどのような関係も持たない。にもかかわらず，われわれは永遠であることを感じ，そのことを経験する。……なぜなら，事物を見て観察する霊魂の目が証明そのものになっているからである」[8]。

注目すべき比喩であり，二重の意味で隠喩的である。それが言おうとしているのは，スピノザの証明を眺めれば，われわれが永遠性を経

第27話　子供

験するということではなく，これらの証明を介して，事物の必然性を
理解し，そしてわれわれの必然性を理解することで，永遠性を経験す
るということである。
　したがって，救済の道には二つの段階がある。二番目の段階は，あ
らゆる段階のかなたに存在するものへとわれわれを導く。最初に，新
しい部類の想像力を構成しなければならない。「それは，知性の意向
にかなう」想像力であり[9]，悲しみ形式から喜び形式へ移行することで，
精神の力強さを示すモデルを最大限実現する。その後，ある一定の時
期に，外部原因の秩序に相変わらず従う想像力の部分と，自分自身の
力で事物を理解する知性とのあいだで，力関係の逆転が起こる。それ
は，想像上の足場がだんだんと必要でなくなり，ついには，その破壊
──すなわち身体の死──がもはや恐るべきことではないところにま
で到達するようなものである。こうして，われわれの永遠性を自覚す
るほど強くなっている段階に到達する。そのときわれわれは，もはや
より高い完全性に移行するのではなく，完全性そのものを享受する
という永遠の喜びに移行しているのである。〈聖書〉が栄光，救済，あ
るいは至福と名づけているものがこれである[10]。
　われわれの情動を乗り越えるために必要な能力と，それに伴う喜び
は，この力によって減少させなければならないものとは違った部類に
属している。すなわち，この喜びは不滅である。それは神の喜びその
ものである。だから，「われわれのもとに残存する部分がどれくらい
の大きさになるにせよ，それは，他の部分よりも完全なのである」[11]。
そのとき，われわれの死，すなわちヘブライ人の表現に従えば，われ
われが群れに加わるだろうときに[12]，われわれは受動的情動を感じな
くなる。一方，受動である限りにおいてしか存在しない〈無知なる人
間〉は，即刻，存在しなくなるだろう。しかし〈賢者〉は，神と事物
の永遠性を介してみずから自身の永遠性を意識しているから，「けっ
して存在することをやめず，つねに精神の真の満足を所有している」[13]。
　このようにしてわれわれは，子供の頃の夢に形を与えるのである。

奇蹟や全能の〈王〉の絶対命令——そんなものは存在しない——を通じて、同一人物のままで、本性そのものを変えるためではない。本性を変えることなく、本性から抜け出ず、別人になるためであり、記憶にしか残らない死すべき存在である人間を、知的な永遠の存在に変異させるためである。　　　　　　　　　　　　　　　　　　　　　　　　　　　◆

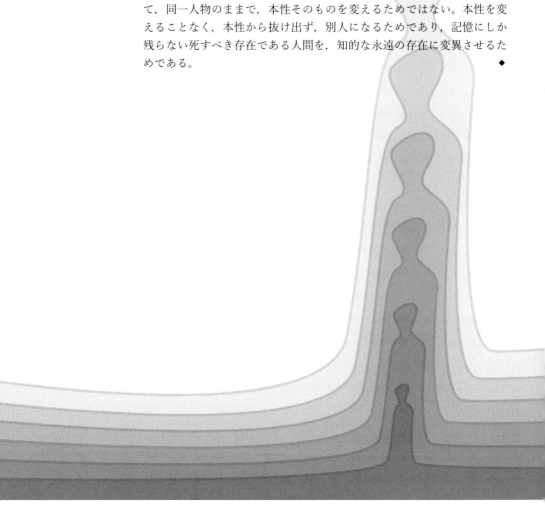

第28話

社会的動物

狼さん，そこにいるの？

ホッブズの公式はだれでも知っている。人間は人間にとって狼だ，というのである。おまけにこれは，古代からの格言にすぎないし，同じ文言のなかでホッブズは，その対位法となる格言をも引用している。人間は人間にとって神だ，というのである。彼によれば，格言は二つながら真実である。前者は自然状態の人間に関係し，後者は社会状態の人間に関係している。社会状態の人間とは，同類とのあいだで契約を交わし，なんでも望んでいることをすべてやってもいいような自然権にあきらめをつけ，それを『リヴァイアサン』すなわち，人間の悪質な状態から人びと全員を守る国家に委譲したあとの人間のことである。人間＝狼は人間を怖がらせる。そして，この恐怖感は，人間＝神になるように人間に誘いをかける。彼の動物的本性と手を切って，絶対的〈主権者〉を作り上げるように誘うのである。

一見したところ，スピノザも同じ方向に向かっている。「人間は，本性上，互いに敵である」**1**。お互いに害し合うのを防ぐことができるのは国家の力だけである。しかし，狼の問題ではない。隠喩だからといって，けっしてスピノザは，人間を動物と同一視することはない。

反対に，積極的に受け入れているわけではないにしても，別の公式に彼はエールを送っている。「人間にとっては，理性の導きに従って生活する人間ほど有益なものはない。……そのことを経験が明白な証言を通じて毎日立証しているため，ほとんどすべての人が人間は人間にとって神であると言うほどになっている」**2**。

それどころではない。スピノザが正しいとしているのはホッブズではなく，昔のスコラ学者，つまりアリストテレスの弟子たちである。「もしスコラ学者たちが，人間は自然状態においてはほとんど自分自身の権利には属していないという理由から，人間を社会的動物と名づけたいと思ったとすれば，私は彼らに反対すべきなにものも持たないのである」**3**。そうだとすると，どうやって帳尻合わせをすればいい？

まず，スピノザが公式を認めたとして，彼が彼なりのやり方でそれを

証明しているのを見てみよう。人間が自然に社会的であるのは，端的に，存在するために十分な力を彼らが自然状態においては備えていないからなのである。「安全に生活し，他人と動物からの攻撃を避ける」ためには，社会が必要不可欠である[4]。しかし，これでは，まさにホッブズの見解にわれわれを戻してしまうことにならないだろうか？　ホッブズの見解では，人間が生命を維持したいと望むなら，自然状態と手を切らなければならないのである。

　ホッブズとのあいだにどんな違いがあるのかとスピノザが問われたとき，彼はこう答えている。私が自然状態からけっして離れないことだ，と[5]。国家が服従されるのは，契約ゆえにではなく，孤立して取り出されたどの市民よりも国家の力が強いからである。この一点が肝心な全部だ。こんなふうだから，国家形成は，自然的諸原因——人間の本性——から説明しなければならないのである。

至高の情念

　アリストテレス派の人びとなら，人間は「本性から」理性的であると答えるだろう。スピノザはそのことを認める。すなわち，理性によって導かれる人間は，その本性が要請することしかしないから，人間にとって神である。そして，そうした人間は，自分自身のために望むすべてのことを他人のためにも望む[6]。その通りだ。しかし，「とはいえ理性の導きに従って生活するということは稀である。むしろ，彼らの大部分は，相互にねたみ合い，憎み合っているというのが実情である」[7]。したがって，理性は，国家の原因たりえない。そのうえ，すべての人間が理性によって導かれていれば，そもそも法律など必要ではないだろう。

　だから，ホッブズに戻るわけだ。人間たちが連合しようという気になるのは，恐怖のせいである。他人からの恐怖と孤独の恐怖である[8]。

　同様にスピノザは書く。「孤立を恐れる気持ちは，あらゆる人びとに内在している。ところで，なんぴとも孤立していては，自分を守るほど強くないし，生活に必要な品々を得ることができないから，人間は本質的

に社会を欲するし，社会を完全に廃棄するようなことは人間にはけっしてできないということが帰結される」[9]。しかし，こう書くのはスコラ学者の見解に立ち戻るためである。「彼らは孤独の生活にほとんど耐え抜くことができない。だから，人間は社会的動物である，というあの定義が多くの人びとから多大の賛意を得ているのである。そしてまた，実際，人間の共同社会からは，損害よりもはるかに多くの利益が生じるような事情になっている」[10]。

　たしかにスピノザはこの定義にこだわる。それにもかかわらず，彼自身はそれを採用しない。彼は，古代哲学を新哲学に対して介入させ，足跡をくらまして楽しんでいる。

至高の理性

　それなら，なにがスピノザを区別するものなのか？　恐怖は，たしかに，国家を形づくる意欲を人間たちにおこさせるひとつの情念ではある。しかし，恐怖は，国家を破壊するものでもある。なぜなら，〈主権者〉がいっそう恐れられ，なおさら悪い別形態の孤独[11]を作り出すなら，そのとき恐怖は憤激に変わり[12]，人間たちが完全に本性を損なってはいないとすれば，彼らは叛乱に立ち上がるからである。そうなったときには，叛乱者たちを社会契約に立ち返らせようとしても無駄だ！　しかしながら，社会はけっして完全には破壊されない。というのも，始原の恐怖に立ち戻ったとき，人間たちは，そこから必然的に別の社会を形づくるだろうからである。このようにして，できの悪い諸国家は，きまって幼少期に再転落する。

　国家を産み出すものは，国家を破壊するものでもある——これがスピノザ主義的政治原理なのだ。スピノザが自分に課した問題は，したがって次のようなものである。そんな事態にまで至らないようにするには，どうしたらいいのか？　国家を安定させ，その解体を防ぐには，どうしたらいいのか？　彼の関心を引くのは，国家の設立ではなく，その維持と強化である[13]。答えは，前に引用した文章のなかにある。すなわち，不利益よりも利益がそこにはより多くなければならない。言い換えると，

社会秩序を形成するにあたっては，それを弱める悲しみの情念にもとづかせるのではなく，喜びの情念にむしろもとづかせなければならない。

　人間は，理性に従う限り，人間本性に固有の諸法則に従う。人間の大部分は，そうすることができないから，彼らの情動をうまく使いながら，あ̇た̇か̇も̇理性が彼らを導いているかのように，市民法が彼らの行動を束縛する。そして，法律が理性を大いに模倣したせいで，人間は——法律がうまくできあがっているなら——人間自身のうちで法律を認めるように，態勢を整える。それゆえ，理性は国家の基礎ではなく，国家の目的なのである。そして社会は，より多くの理性人すなわち自由人を含めば含むほど，それだけいっそう強力となるはずである。

生＝権力と迷信

　ホッブズが人間に動物的本性と手を切るよう誘いかける一方で，スピノザは，自然状態において人間は一個の動物であるとはけっして言わない。たしかに，野蛮状態では「ほとんど獣的な」[14]惨めな生活を送らなければならない。しかし，この野蛮状態へ導くのは，社会——とくにホッブズが望んでいたかもしれないような社会——である。つまり，この社会は，人間にも動物にも共通している命を守ること以外の目的を持たない社会であり，精神生活と理性を守ろうという社会ではない。

　命を絶つ能力（たとえばホッブズは，人間たちが彼らの隣人を殺す平等な能力を持つことから，人間たちの自然的平等性を証明する）のうえに権力を築き上げる思想家たちとは逆に，スピノザは，死に関してではなく，生に関して省察する[15]。したがって，彼は力（と理性）を悪に対抗する権力としてではなく，適応能力として，そしてより大きな全体を構成する能力として捉えている。「そこから，動物を生け贄に捧げてはならないというあの律法が，健全な理性に

第 28 話　社会的動物

141

もとづいてはおらず，むしろ空しい迷信と女性に特有の憐憫にもとづいて打ちたてられていることが明らかとなる。実際，有用なものを求める理性法則は，人間と結合するようにと教え，動物，あるいは人間的なものとは異なる本性を持つものに結合するようにとは教えない。理性法則は，それらがわれわれに対して持っているのと同じ権利を，逆にそれらに対してわれわれが持っているとも教える。それどころか，おのおのの権利は，おのおのの力量ないし能力で測られる以上，人間は，動物が人間に対して持つ権利よりもはるかに大きい権利を動物に対して持っているのである。私は，動物が感情を持つことを否定しないが，ただ，そのために，われわれの利益を図ったり，動物を意のままに利用したり，動物をもっとも都合がいいように扱ったりしてはいけないとする見解を否定するのである。なんとなれば，彼らの本性は，本質的にわれわれと一致しないし，彼らの情動は人間の情動と本質的に異なるからである」[16]。

　人間と動物は，われわれにとって有益であるが，しかし人間と一緒になれば，この有用性は結合にまで進むことができる。動物と一緒では，利便性が部分的には存在する——でなければ，この本も無駄だ！——が，しかしあくまでそれは部分的である。したがってわれわれは，動物をわれわれの望み通りに利用して構わない[17]。動物を生け贄に捧げてはならないという律法を，実利的で利便性を持つ法律に変えることはおよそできない。それは現実的利益を追求させずに，悪事を禁止しているだけであり，擬人的でもある悲しみの模倣にもとづいて設けられたものであるから，まったく迷信的である。

　法律は人間にしかかかわらない。それは，人間本性の法則であって，あらゆる生き物向けに天から降ってきた命令などではないのである。　　　　　　　　　　　　　　　　　　　　　　　◆

第29話

セイレンたち

黄金時代の寓話

哲学者たちが政治学に関心を持つとき，彼らの大部分は，国家に強制されてではあるが，人間が努力してならなければいけないとされる人間に，もうまもなくなるのではないかと，ひたすら夢見るばかりである。人間の諸情念に関する認識にもとづいて諸法律を形よく切っていくのではなく，彼らにはすでに自由である人間という仮定があるから，その政治学は「ユートピア島か，詩人たちの黄金時代か，そのどちらかでしか打ち立てられない架空の話として見なされる——すなわちそこにおいては，こんな政治学はなんの役にも立っていないのである」。したがって哲学者たちは，もろもろの人間的情動に直面して，ただただ「泣き，あざ笑い，強調し，あるいは（神聖ぶりたいために）呪詛するばかりである」[1]。

国家は，情動に反するのではなく情動とともに，市民や首長の徳など当てにせず構成されなければならない。「大衆なり，国事を管理する人びとなりがもっぱら理性の掟だけに従って生活するよう持っていけるなどと思い込む人びとは，詩人たちの謳った黄金時代，もしくは寓話を夢見ているのである。それゆえ，国家の安寧がある人の誠実さにのみ依存し，国事の責任者が誠実に行動したいと望む場合にのみ国事を正しく運営することができるような国家は，安定性をひどく欠くだろう。むしろ，国家が存続できるためには，国事を管理する人間が，理性に導かれようと情動に導かれようと，誠実さを欠く態度を示したり邪悪な行動に出てみたりすることがけっしてないように，国事が整備されなければならない。国家の安全にとっては，どのような動機で人間が正しい統治に導かれるかは，彼らが正しく統治するのであれば大した問題ではない。実際，心の自由または精神の強さは，個人的な徳であるのに対して，国家の徳は安全である」[2]。

143

オルペウスとオデュッセウス

　伝説によれば，セイレンに初めて勝つことができたのは，アルゴナウタイたちの船に乗ったオルペウスである[3]。恐ろしい生き物たちは，彼の歌の並外れた力に誘惑されたというのである。二番目に勝ったのは，慎重なオデュッセウス[4]で，彼は制度の力に信頼を置くほうを選択した。スピノザが君主政体のモデルとして与えるのは，このオデュッセウスである。「いったんは，船のマストに縛られていたのに，セイレンたちの歌にまたもや魅せられて，オデュッセウスが手を変え品を変え，自分を縛る縄を解けと彼の仲間たちに命令したにもかかわらず，仲間たちが言うことを聞かなかったとき，彼らは，オデュッセウスが下した最初の命令を実行し続けていたのである。そして，最初の意志に従った仲間たちに，オデュッセウスがあとで感謝の意を示した点は，慎重さの功績と見なさなければならない。王たちは，オデュッセウスのこの例にならって，裁判官たちがなんぴとをも顧慮しないで判決を下すようにという命令を裁判官たちに与える習慣を持っている。また，この習慣によれば，王令が既成の法律に明らかに反することを裁判官たち自身が知っているという珍しいケースが生じても，そのような王令を与えた王さえも顧慮せずに判決を下せというのである。実際，王たちは神々ではなく人間であり，セイレンの歌にしばしば惑わされる。だから，もし一切がただひとりの人間の変わりやすい意志に依存するとしたら，なにごとも固定されることなどなくなってしまうだろう」[5]。

　セイレンは，上半身が女で，下半身が鳥（古代の伝承による。近代人によれば，半魚）で，死に至らしめる歌を持ち，危険で無慈悲である（詩人が言っているように）が，彼女らは王たちに，同時に二つの条件のなかで生きることができると信じ込ませる。法の峻厳さと，彼らの情念の移ろいやすさの二つである——これが絶対権力と王たちが名づける当のものである。しかし，「王の剣，すなわち彼の権利は，実際には多数者〔大衆〕そのものの意志であるか，もし

スピノザと動物たち

くは、彼らのなかでもっとも強い部分の意志であるかのどちらかである」。彼らの意志は、王の振る舞いが世間のひんしゅくを買うものであれば、必ず王を退位させずにはおかない。だから、「永久の命令」というマストに王自身をくくりつけなければならないのである。こうした命令は、国家の恒久的法律であり、「それなくしては国家ではなく、一個の純粋な絵空事となるであろう」[6]。

　絶対的怪物(キマイラ)とは国王絶対主義のことであり、神の恣意的で移ろいやすい意志という観念を馬鹿げた妄想と決めつけたように、それをスピノザは馬鹿げた妄想と決めつける。君主は、自分の情念の赴くままに、命令を変えることはできない。そんなことをすれば、彼自身は必ず破滅し、王国は難破してしまう。しかし、もし国家が人間本性にもとづく永遠の法律に従って正しく整備されるなら、そのとき、国家は永遠に持続する。すなわち、国家は外部原因以外では、けっして破壊されない。そして、国家が統治する人びとと臣民の徳に依存すべきでないのは、反対に、国家こそが彼らを有徳に導かなければならないからである[7]。　　　　　　　　　　　　　　　◆

第30話

イソップのヤギ

145

オランダー市民の生活

スピノザの生涯は，オランダ共和国の生涯と完全に一致する。スペインとの長い戦争の結果，連合州は，1649年に独立を批准した。すみやかにスピノザは，自分自身のユダヤ共同体から解放される〔1656年〕。繁栄し，寛容な精神を持ったブルジョワジーによって指導された若き共和国は，ヨーロッパの大君主国，とりわけフランスをいらだたせる。共和国は，プロテスタント牧師たちと軍事指導者オラニエ公ウィレム〔1650-1702〕とが共有した野望によって，国内でも脅かされる。1672年にルイ十四世の軍隊が侵入してきたあとで，共和国指導者ヤン・デ・ウィット〔1625-1672〕は群衆によって虐殺され，ウィレムが権力を握る。すみやかに彼は，イギリスの王冠も手にする。そして，オランダの特殊性は万事休すとなる。スピノザは，束縛からの解放を真の自由と取り違えてはならず，持続性のある制度を獲得しなければならない，と共和国に絶えず勧告し続けた[1]。1670年，彼は『神学・政治論』を公刊し，国を掘り崩す狂信に抗して哲学する自由を擁護する。72年の大災厄も，彼の勇気を挫かない。彼は『国家論』にとりかかる。それは三つの政体モデル〔王制，貴族制，民主制〕を提案している。民主制の論述に着手しようとしたとき，彼は亡くなった。哲学者のように，連合州〔オランダ〕はつねに持続性のある制度を求め続けたが，しかし，意識はより弱く，したがって，幸運にもさほど恵まれなかった。

お笑い草のフリースラント

祖国の敵たちに対して，スピノザは辛辣さを示す——ほかのところではやらないようにしていたことをやってのける。ひとりの男を茶化すために，彼を一匹の動物になぞらえるのである。1665年にミュンスターの司教——堂々たる肩書にひるんではならないのは，ヴォルテールの表現によれば，この人物はかの年にルイ十四世に身売りした雇われ強盗なのだから——がオランダ北部の州であるフリースラントに侵入する。スピノザは，オルデンブルクにこう書き送る。「ミュンスターの司教は，

第 30 話　イソップのヤギ

147

イソップに出てくる井戸のなかに入ったあのヤギのように，うかうかとフリースラントに入りこんだあとは，まったく身動き取れずにおります。もし冬がかなり早く始まらないなら，彼はひどい損害を蒙って，フリースラントから撤退するよりほかなくなるでしょう。ひとりないし複数の裏切り者がそこへ彼を引ずりこまなければ，彼もこうした犯罪をやってのけなかったであろうことは，まったく疑う余地がありません」**2**。

　われわれは，キツネとヤギの寓話をよく知っている。太陽王〔ルイ十四世〕に抗議するもうひとりの人間〔ラ・フォンテーヌ〕の手で，フランス語の韻文に直されたものである。

　　「キツネの隊長が，すこぶる大きな角をもつ
　　友だちのヤギと歩いてた。
　　こちらは鼻ずらより先のことは見えなかったが，
　　相手はぺてんにかけては免許皆伝だった。
　　……
　　なにごとにおいても先のことを考えよ」**3**。

先のこと

　スピノザ主義の共和国に敵意をもって入る人間は，突然混乱して，素っ頓狂に陥る危険性が大いにある。あの侵略者の司教の話は，血のなかにいる虫の続きで物語られるが，それはおそらく理由のないことではない。全体的機能を理解しないままに，異質な物体が共和国の大きな身体に忍び込む。巨大な全体は，そもそも反撃できるだろうか？　敵に力を見せつけることができるだろうか？　「もし同じ主体のなかに二つの相反する活動が喚起されるなら，両者が相反する活動をやめるまでは，必然的に両者のうちか，あるいは両者の一方のうちかに変異が起こらざるをえないだろう」**4**。

　キツネとヤギ，ずる賢いのと間抜けとは，政治家と哲学者の長所と欠点，すなわち，彼らの現実的な能力とその限界をうまく要約している。というのも，たとえ経験が，政治家にはあるがままの人間を操作する術

を教え，哲学者に対しては，そうあってほしい姿で人間を夢想するのを
そのままにしておいたとしても[5]，それでもやはり政治家は，彼ら自身
の情念に従っているのに変わりはないし，政治家の仲間を井戸の底に
放っておいたがために，自身が損害を受ける危険性を抱え込んでいる点
を見ていないのに変わりはないからである。だから寓話の道徳訓——な
にごとにおいても先のことを考えよ——はどの世界でも有効なのだ。

　先のこと，スピノザが至るところで考えるよう誘っているのはこれで
ある。先のことというのは，迷信がわれわれの手の届かないところに，
すなわち未来あるいは彼岸に置いているようなものではない。そうで
なくて，先のこと，すなわち目的[6]は，それ自身について，そしてそれ
に適したものについて十全な意識を持つ限りで，われわれの欲望そのも
の[7]であり，言い換えると，目的はわれわれの本質あるいは能力である。
だから政治の目的はこういうことになる。「国家の目的は，人間を理性
的存在から粗暴な獣あるいは自動機械に変えることではなく，むしろ反
対に，人間の精神と身体が安全に機能を果たし，彼ら自身が理性を自由
に使用し，そして，彼らが憎しみや怒りや奸計をもって争うことなく，
また相互に悪意を抱き合うことのないようにすることである。ゆえに，
国家の目的は，畢竟，自由に存するのである」[8]。

　そして，『エチカ』の目的すなわち終わりは，こうである。「情動に対
する霊魂の能力について，ならびに霊魂の自由について示そうとしたこ
とを私は語り終えた。これによって，賢者は無知な人間よりもどれほど
価値があるか，能力においても，どれほど優れているかが明らかになっ
ている……」[9]。人間は，より人間らしくなればなるほど，より獣らしく
なくなればなくなるほど，それだけいっそう強力になるのである。　◆

註

[凡例]

原書の註はほぼスピノザ著作の出典箇所のみが示されているが，以下では訳者がそれ以外の引用元も可能な限り示し，スピノザの著作も含めて，それぞれ邦訳書の該当頁を指示した。必要に応じて当該箇所の訳文も示した。わずかな数ながら，原註についてはその末尾に（原註）と表示した。また，訳文は変更した場合がある。

スピノザ著作の日本語訳については，以下の畠中尚志訳・岩波文庫の頁数を示しているが，『エチカ』については，各版で異同があることが確認できたため，頁数は示さなかった。スピノザの邦訳は以下の通り。

『神学・政治論──聖書の批判と言論の自由』上・下
『神・人間及び人間の幸福に関する短論文』
『デカルトの哲学原理　附　形而上学的思想』
『知性改善論』
『エチカ』上・下
『国家論』

第 1 話　蜘蛛

1 デカルト『省察』三木清訳，岩波文庫，1949年，139頁。デカルトの『省察』の第6省察には，「幾何学的な仕方で配列された，神の存在および霊魂と肉体との区別を証明する諸根拠」と題する付録がついており，ここでスピノザが言及しているのは，その公理8である。

2 『デカルトの哲学原理』第1部，定理7，備考。52頁。

3 同所。

4 ドゥニ・メランは，フランスのイエズス会士で，デカルトに非常に献身的だった神父。1630年にパリで修練士となり，修辞法を修めたのち，ラ・フレーシュの学院で哲学を修めた。1641年から4年間神学研究に取り組む。1649年にマルティニク島の宣教を命じられ，翌年現地に到着。デカルトとのあいだで書簡のやりとりがあったのは，1644年から翌年末あるいは1645年初めまでで，彼は主に聖体の秘蹟についてデカルトに質問している。引用されている書簡は，1644年5月2日にレイデンで書かれ

たと推測されている。

5 デカルト，1644年5月2日の手紙。邦訳参照，『デカルト全書簡集』倉田隆・山田弘明・久保田進一・C.フォヴェルグ訳，知泉書館，2015年，第6巻，150–151頁。

オルペウスは，ギリシア神話で，竪琴の名手。冥界にいる妻を現世に連れ戻そうとして，冥界の王ハデスの前で竪琴を奏で，妻を振り返らないことを条件に冥界を脱出しようとするが，妻を振り返ってしまったために失敗する。

6 蝿の民は聖書に登場する悪魔ベルゼブブに支配されたペリシテ人の町エクロンの住民のこと。イギリスのノーベル文学賞作家ウィリアム・ゴールディングには『蝿の王』（1954年）と題する未来小説がある。

7 『知性改善論』(30)。29頁。「鉄を鍛えるためには鉄槌が必要であり，鉄槌を手に入れるためには，それを造らなければならず……」。

8 『エチカ』第1部，定理11，備考。「……早く生ずるもの，すなわち容易に存在するものは，また，容易に滅びる……」。

9 同所。「存在することが能力である以上は，ある事物の本性により多くの実在性が帰するに

従ってその事物はそれだけ多くの存在する力を自分自身に有することになり、それゆえ絶対に無限な実有すなわち神は、存在する絶対に無限な能力を自分自身に有することになり、神は絶対的に存在することになる。神の本質は……絶対的完全性を含むゆえに……その存在について最高の確実性を与える」。

第2話　二匹の犬

1　『エチカ』第1部、定理17、備考。

2　同所。

3　オリオン　巨人の狩人で、巨神アトラスの娘たちを追っていたが、彼女らに嫌われて、彼女らがプレイアデス星座になったためにオリオンも星座になったという説と、アポロンの妹にあたるアルテミスと恋愛関係になり、嫉妬した兄の計略で、アルテミスの矢で殺されて、アルテミスの願いにより星座となったという説がある。

4　アクタイオン　アポロンの孫で、ケイロンに育てられたために狩人となる。狩りのあいだにアルテミスの水浴中の裸身を見たためにその怒りに触れ、鹿に変身させられ、飼い犬にかまれて死んだ。

5　プロクリス　アテナイ王の娘で、女狩人。必ず獲物を捕まえる犬を連れていた。

6　イカリオス　著者はイカルスと綴るが、アテナイ人のイカリオスの間違い。イカリオスは酒神ディオニュソスを家に泊め、娘を差し出したために、酒神から褒美に酒をもらい、その酒を村人に飲ませ、酔わせたために、誤解され、村人に撲殺される。その死を悲しげな鳴き声で知らせたのが忠実な飼い犬マイラだったという神話が残っている。

7　オウィディウス・ナソ、ププリウス（前43–後17/18）　古代ローマの作家。エロティックな著作（『愛の技法』）を得意としたほか、古代ギリシア神話をモチーフとした『変身物語』、『祭暦』など。初代ローマ皇帝アウグスティヌスによって、この2編の著作が不道徳と断罪

され、追放され、流浪し、客死する。

8　オウィディウス『祭暦』高橋宏幸訳、国文社、1994年、第4章、933–942節。「祭司は香と葡萄酒と羊のはらわた、それに、私は見てしまったのですが、醜い牝犬の汚らわしい臓物を捧げました。すると、『どうして、この祭儀であまり見慣れぬ犠牲獣が捧げられるのか、とお尋ねか』と祭司が言いました。たしかに私はそう尋ねていました。『ことの起こりをきかせよう。ひとびとがイカルスの犬星と呼ぶ星があって、この星がのぼると、大地は焦げ乾き、作物は実を結ばぬうちに落ちてしまう。犬星に代わって、この犬が祭壇にのせられる。だから、なぜ殺されるかと言えば、ただ同じ名前ゆえというにすぎない』」（179–180頁）。

9　『詭弁論駁論』宮内璋訳、『アリストテレス全集2』岩波書店、1970年、第4章、373頁。

10　否定神学　キリスト教中世末期に現われた異端的神秘主義思想。ヤーコプ・ベーメ（1575–1624）などが主唱したが、カオスという否定的なものから世界が創造されたとする創造解釈で、否定神学と呼ばれるようになり、その荒唐無稽さから、ルターによって批判された。

11　マイモニデス『論理学用語論』第13。マイモニデス（1135–1204）はスペイン出身のユダヤ教神学者で、医師。アラビア語ではイブン・マイムーン、ヘブライ語では、モーシェ・ベン・マイモーン。マイモニデスはラテン名。コルドバに生まれ、早熟の天才で、ここで取りあげられている『論理学用語論』は、16歳のときに書かれたという。ムワッヒド朝のユダヤ教弾圧を逃れ、カイロに亡命、医師としても名声を博し、アイユーブ王家の宮廷医となる。西洋スコラ哲学に大きな影響を与えた。とくに理性と信仰の一致を説いた『迷える者の手引き』（1185年）は、スコラ哲学のみならず、スピノザにも多大の影響を及ぼした。ほかに『光明の書』など、アラビア語、ヘブライ語での著作は多数にのぼる。

12　「声の息」（flatus vocis）もしくは「声の風」

とは，中世スコラ哲学の普遍論争で，唯名論的言語観を象徴するロスケリヌス（1050 頃–1121 頃）の言葉で，一般概念すなわち普遍は実在せず，実在するのは，単なる発声のときの空気の震えのみであることを表現している。ちなみに，ロスケリヌスは，徹底した唯名論の立場から三位一体論に異を唱え，それぞれが実体として実在することから三神論を主張し，異端とされた。

第 3 話　人間，ロバ，象

1 『スピノザ往復書簡集』（以下『書簡集』）書簡 23，147–148 頁。

第 4 話　血のなかにいる虫

1 『書簡集』書簡 32，171 頁。
2 脂肪の滴をたくさん含んでいるリンパ液のこと。
3 オオヤマネコ（lynx）　ヨーロッパでは，古来，観察眼が優れていることをこの動物の眼力にたとえていた。学名の lynx はギリシア語源で，光を意味する。
4 『デカルトの哲学原理』第 2 部，定理 5，備考。97–98 頁。
5 『神学・政治論』第 16 章，下，177–178 頁。
6 『エチカ』第 2 部，補助定理 7，備考。
7 『書簡集』書簡 32，172 頁。
8 同, 書簡 64，285 頁。
9 『エチカ』第 3 部，定理 6。
10 同，第 4 部，定理 20，備考。
11 同所。
12 これは，フランスの現代詩人ポール・ヴァレリー（1871–1945）の詩『海邊の墓地』の一節である。「本当に蝕む者，墓蟲でないとは証明しきれない蛆蟲は／墓場の石の下に眠る父祖たちのためではなく／生命を啖って生きて，俺を離れることがない」（『ヴァレリー詩集』鈴木信太郎訳，岩波文庫，1968 年，240 頁）。

13 『エチカ』第 3 部，序言。邦訳では，「国家のなかの国家」。

第 5 話　海の魚

1 『書簡集』書簡 32。170 頁。
2 『エチカ』第 1 部，付録。
3 バルトロメウ・アングリカス　イギリス生まれの 13 世紀ないし 14 世紀の聖フランチェスコ会修道士。『事物の特性』と題するヨーロッパ中世初めての百科事典を作り，そのなかに，一角獣や不死鳥など空想上の動物をも掲載し，15 世紀には仏訳もされ，人気を博した。
4 『エチカ』前掲。
5 同所。
6 同所。なお「神に選ばれし者」とはユダヤ教特有の選民思想のこと。
7 アッシリアは北メソポタミア地方を中心として，前 14 世紀頃に帝国を形成した。やがて前 10 世紀頃から軍事的膨張を開始し，前 8 世紀には，ユダヤの地を占領し，サルゴン王朝の時代にイスラエルの民を強制移住させた。王朝は，バビロニアにこだわりすぎたために，北方と東方での守りが手薄になり，異民族の侵入によって，前 609 年に滅亡した。
8 『神学・政治論』第 2 章。上，109 頁。旧約聖書では，『列王記，下』の第 17 章，第 25，26 節など。
9 『エチカ』第 1 部，付録。
10 「自然法」は「自然権」とも訳すことができる。邦訳では後者が使われている。
11 『神学・政治論』第 16 章。下，163–164 頁。
12 同。下，164 頁。
13 『国家論』第 2 章，第 12 節，25–26 頁。「なぜなら，約束を破る力を持つ人は，……ただ言葉だけを与えたのだからである」。
14 『書簡集』書簡 50。238 頁。「国家論に関して，私とホッブズとのあいだに，どんな違いがあるかとお尋ねでしたが，その違いは次の点にあります。すなわち私は，自然権をつねに無傷

で保存しています。そして私は，どんな国家に
おいても，最高権力者は力において市民にま
さっている度合いを超える権利を，市民に対し
て持たないと主張しています。自然状態におい
ては，これが普通なのですから」。

15 『神学・政治論』第16章。下，174頁。「す
べてのことをその欲するままに命じるこの権利
が最高権力に帰属するのは，それが実際に最高
権力を握っているあいだだけだからである」。
『国家論』第3章，第8節，39頁。「臣民は，
国家の力，すなわち威嚇を恐れる限りで，ある
いは，市民社会を好む限りで，自己の権利のも
とにはなく，国家の権利のもとにある」。第9
節，41頁。「……国家の権利は多数者の共同し
た力によって規定される」。第4章，第4節，
52頁。「国家が自己の権利のもとにあるために
は，畏敬と恐怖という理由を保持しなければな
らない」。

第6話　天使とネズミ

1 『神学・政治論』第16章。下，164-165頁。
2 『書簡集』書簡20。112頁。
3 ウィレム・ファン・ブレイエンベルフ
（?-1696）ドルドレヒトの穀物仲買人だったが，
神学に関する書物『神の認識と神への奉仕』
（1663年）を書いた。スピノザの仲間には，「商
人哲学者」と呼ばれる階層の知識人が多かった
が，そのうちのひとりと見られる。
4 『書簡集』書簡23，148頁。
5 『エチカ』第1部，付録。
6 『書簡集』書簡19，100頁。
7 同，100-101頁。
8 『エチカ』第3部，定理11。

第7話　翼のある馬の観念

1 『エチカ』第2部，定理49，備考。
2 『知性改善論』（61），51頁。
3 『神学・政治論』第4章，第12節注。上，167頁。

第8話　キマイラ

1 『知性改善論』（68），56頁。なお，邦訳では，
「森や偶像や獣」となっているが，imago を
「偶像」と訳したのは不正確で，ここでは，水
面に映る像や事物の影を指すようである。
2 本書のデッサンを担当した女性。
3 たとえば，「赤い羽根」は赤十字募金の「し
るし」である。
4 『知性改善論』（54），43頁。『形而上学的思
想』，『デカルトの哲学原理』所収，173頁。
「キマイラすなわち絵空事は，知性のうちにも，
想像力のうちにも存在しないから，これを言葉
の上だけの存在物と呼んでもいいだろう」。
5 同，（58），48頁。
6 同所。『形而上学的思想』，前掲，198頁参照。
「人間が野獣に変化するというがごとき……」。
7 同，173頁。ギリシア神話でキマイラは，頭
が獅子，からだが山羊，尻尾が蛇で，火を噴く
怪獣。本書の表紙にその想像図がある。フラン
ス語では，転じて「絵空事」というような意味
もある。
8 フーゴー・ボクセル　1607年あるいは1612
年生まれの法律学者。1624年から2年間レイ
デン大学で哲学を学び，ホルクムに住み，そこ
で結婚していた。ウィット政権を支持したため，
1772年の政変でウィレム3世から暇を出され
た。1673年ユトレヒト滞在の折にスピノザと
出会ったものと推測される。
9 『エチカ』第1部，付録。邦訳では，「帰謬法」
と「帰無知法」。『書簡集』書簡75，331頁。
10 『書簡集』書簡54，250頁。ギリシア神話で，
人馬は，腰から上が人間の形をした怪物ケンタ
ウロス。水蛇は，頭がいくつもの蛇から成って
いるヒュドラと呼ばれる怪物で，頭は切り落と
すたびに再生する。女面鷲身はハルピュイアと
言い，女性の顔をした鷲の3姉妹の女神。書
簡にはあるが，原文では訳されていない。半人
半山羊はサテュロスのことで，一般にヤギの角

や耳，尻尾，ひづめのついた脚を持つ青年の精霊で，女道楽に耽り，ワインを好む。グリュプスは，獅子の胴体をし，鷲の頭と翼を持つ怪鳥。百眼巨人はアルゴスのことで，全身に 100 の目を持ち，監視する怪物。

11 『知性改善論』(95)，75 頁。「……こうした定義は，円のある特性を明らかにするに過ぎない……」。

12 『エチカ』第 3 部，定理 12，13 および備考。「愛とは外部原因の観念を伴った喜びにほかならない」。

13 『知性改善論』(72)，(73)，59–60 頁。

第 9 話　驚き

1 『神・人間および人間の幸福に関する短論文』（以下『短論文』），第 2 部，第 3 章，118–119 頁。

2 『エチカ』第 2 部，定理 40，備考 1。

3 『知性改善論』(62)，51–52 頁。

4 『形而上学的思想』第 1 部，第 1 章，164 頁。「プラトンは……より多く間違っていたわけではない。……むしろアリストテレスこそ……重大な誤りを犯しているのである」。

5 『エチカ』第 2 部，定理 11，備考。ここで用いられている「霊魂」という訳語は，âme が原語。ラテン語では，mens, animus など。この言葉はデカルトでは，「心」または「精神」と訳され，身体との区別を明確にしているが，訳者は霊魂の一部不滅および心身一体というスピノザの主張から，この言葉を当てることにした。

6 同，系。

7 同，第 2 部，公理 4。

8 同，第 2 部，定理 13，備考。

9 同，定理 13 に続く定義。「個体を組織する各部分が，すべてその割合を保ちながら，より大きくあるいはより小さくなるなら，その個体も……以前のままの本性を保つだろう」。

10 同，定理 29，備考。「多くのものを同時に観想することによって，ものの一致点と相違点と対立点とを認識する……」。

11 スピノザによれば，延長は実体の属性で，身体など物体を規定する。

12 本有という概念は，人間に生まれながらにして与えられているもののことで，デカルトは，人間精神にこの概念を適用して，本有観念が人間精神には先験的に宿っているとして，ホッブズやロックらの経験論的立場からの批判を浴びた。

第 10 話　痕　跡

1 邦訳では，概して「表象像」という訳語が使われている。ラテン語では imago（想像）。なお，アマルガムは元来，水銀と他の金属との合金のことを指したが，ここでは混合物を指している。

2 『エチカ』第 2 部，定理 16 および系。「定理 16　人間身体が外部の物体から刺激されるおのおのの様式に関する観念は，人間身体の本性と同時に，外部の物体の本性を包含していなければならない。……系 2，われわれが外部の物体について有する観念は，外部の物体の本性よりも，われわれの身体の状態をより多く表示するということになる」。

3 同，定理 17，系。「……もはや存在しなくても……観想しうる」。

4 同，定理 35，備考。「われわれが太陽をこのように近いものとして想像するのは，……われわれの身体の変状が……太陽の本質を含んでいるからである」。同，第 4 部，定理 1，備考。「たとえ太陽の真の距離を知ったとしても，太陽が依然としてわれわれの近くにあるように想像するのは，……真の距離を知らないからではなくて，身体が太陽から刺激を受ける限りにおいて，精神が太陽の大きさを考えるからなのである」。

5 『エチカ』第 2 部，定理 18，備考。

6 同所。

7 『書簡集』書簡 17，88 頁。ピーテル・バリング（?–1664）は，商人でラテン語，ギリシア語，

スペイン語を解し，スペインからオランダの商
人たちと手紙を取り交わしていた。スピノザに
デカルト哲学を紹介し，彼の『デカルトの哲学
原理』をオランダ語に訳したとみられる人物で，
自然的経験によって神を認識できると主張した
神秘主義者でもあった。彼は，ペストが流行っ
たときに，息子をなくしているが，そのときの
手紙が引用されている。彼自身も同じペストで
死去した。

8 『エチカ』第 2 部，定理 17，備考。「もし，こ
の想像力が精神の本性にのみ依存したとしたら，
つまり，自由であったとしたら……」。

9 マラブー　アラビア語のムラービトが語源。
ムラービトは，当初，北アフリカ地方に軍事要
塞として築かれたリバートにこもるイスラム僧
兵を指したが，やがて，隠者とその墓と墓に集
まる鳥を意味するようになった。この神聖視さ
れた鳥は，コウノトリ科の大型渉禽類禿鸛（ハ
ゲコウ）で，遺体を食べようとして墓に集まっ
てくる。フランス語では，これらの意味に加え
て，ハゲコウの白い羽根が帽子の装飾としても
使われてきた関係で，この語は，マラブーの羽
根を連想させる絹糸をも指すようになった。想
像力の豊饒さを示す多義的な言葉の典型。

第 11 話　前　兆

1 『神学・政治論』序言。上，39–41 頁。
2 前者は，鳥の飛び方で運命を占う鳥占いのこ
とで，後者は，動物の内臓の様子から運命を占
う内臓占いのこと。いずれも古代ローマで神意
を示すものとして信じられた卜占術。

第 12 話　奇　蹟

1 『神学・政治論』第 6 章参照。上，202–204 頁。
「神は自然を無力なものとして創造し，自然に
は効力のない法則や規則を与えた」。
2 同。上，208 頁。
3 同，上，210 頁。

4 同，上，219 頁。
5 同，上，215–216 頁。
6 同，上，217–218 頁。『形而上学的思想』第 2
部，第 8 章参照。214 頁。
7 『神学・政治論』第 6 章，上，223 頁。
8 同，第 2 章，上，97 頁。
9 同，上，98 頁。セラフィムは熾天使とも訳さ
れ，天使のうち最上級の天使で，翼を 6 つ持っ
ている。
10 同，第 1 章，上，66 頁。
11 同，第 6 章，上，211–212 頁。
12 『エチカ』第 3 部，定理 13。「愛とは，外部
原因の観念を伴った喜びにほかならない」。
13 『神学・政治論』第 5 章。上，191 頁。
14 同，第 13 章。下，121–122 頁。
15 同，序言。上，47–48 頁。
16 『書簡集』書簡 76。335 頁。アルベルト・ブ
ルフは，スピノザと交流があったアムステルダ
ムの裕福な名士の子息で，イタリア旅行のあい
だにカトリックに改宗してしまい，両親を嘆か
せた。スピノザは，両親の懇望を受け入れ，辛
辣きわまりない返書をアルベルト宛に送った。
17 同，書簡 67。288 頁，書簡 76，335 頁。
18 スペインの植民地だったオランダは，フラ
ンス軍の支援を受けて，1635 年にカトリック
のスペインと独立戦争を戦った。そのときに，
オランダの都市を占領したフランスのユグノー
貴族シャティヨンが，カトリックの聖餐に使わ
れたパン（ホスティア）を馬に食わせ，カト
リックを冒瀆したというエピソードがある。実
体変化説を採るカトリックでは，ホスティアは，
キリストの身体にほかならない。
19 同，書簡 76，336 頁。

第 13 話　隣人の雌鶏

1 『エチカ』第 2 部，定理 47，備考。
2 同所。
3 ヴィクトル・ユゴー『静観詩集』第 3 部「戦
いと夢」，第 8 編「私は読んでいた。なにを私

は読んでいたのだ」より（1833 年 7 月のメモ）。

4 『神学・政治論』第 1 章。上，71 頁では，「キリストは精神対精神で神と交わった」と訳されている。

5 同，70–71 頁。「キリストに対しては，神の教えが言葉または影像によらないで，直接啓示された」。

6 同，第 14 章。下，129 頁。「……各人もまた，聖書を自分自身の意見に適応させてよい」。143 頁。「……正義と愛を勧める者のみを信仰者として見なす」。

7 『国家論』第 4 章，第 5 節，53 頁。

8 原文はラテン語。一般には，二つの講義のうち，より難しい講義のほうが好ましいという意味だが，文献学では，より成り立ちがたい解釈のほうが好ましいとする考え方を指す。古典文献では，写字生がわかりやすい言葉で言い換えている恐れがあるからである。

第 14 話　作者の考え

1 哲学者の記憶は間違っている。というのは，実際には，アリオストの作品でこれらの戦功を挙げるのは，ルッジェーロ（仏名ロジェ）だからである。（原註）／ルドヴィコ・アリオスト（1474–1533）はイタリアの詩人。フランスにもっとも影響を及ぼしたと言われる長編叙事詩『狂気のオルランド』（1516）の原作者。

2 オウィディウス『変身物語』巻 4，巻 5。「ペルセウスは蛇髪の怪物を退治し，……希薄な空気のなかを翼の音もたかく飛翔していた」（邦訳『転身物語』田中秀央・前田敬作訳，人文書院，1966 年，144 頁）。

3 『列王記下』第 2 章，第 11 節。

4 『神学・政治論』第 7 章。上，260 頁。

5 同。上，258–259 頁。

6 同。上，245–247 頁。

7 同。上，244 頁。「この普遍的な教えから支流として派生するもの」。

8 ユークリッド　紀元前 300 年頃のアレクサン

ドリアで活躍したと言われる数学者で，エウクレイデスとギリシア語で呼ばれる。ユークリッド幾何学を創始する『原本』と呼ばれる著作を残し，19 世紀半ばまでは不変の真理とされていた。

9 『神学・政治論』第 7 章。上，263 頁。「それは珍奇なものではありえても有益なものではありえないからである」。

10 同，249 頁。「こうした伝承は，われわれから見れば，きわめて疑わしいものたらざるをえない」。

11 同，第 4 章。上，166 頁。「私の説明が物語の作者の精神と合致するかどうかはわからないし……」。『エチカ』第 4 部，定理 68，備考。

第 15 話　神の法

1 『短論文』第 2 部，第 24 章，198 頁。「神の法則は，それ自身のために存在し，他のなんらの目的も持たない。……人間が全自然の一部であり，道具であるかぎり，人間のこの目的は究極目的ではありえない」。

2 『神学・政治論』第 4 章。上，148 頁。

3 同。上，149 頁。「あるひとつの事柄を思い出す人間は，別の類似した……事柄を同時にすぐ思い出す」。

4 同。上，150–151 頁。

5 正確には，「愚か者は自分の愚かさを繰り返す」（旧約聖書，『箴言』第 26 章，第 11 節）。

6 『エチカ』第 5 部，定理 42。「至福は徳の報酬ではなく，徳それ自身である」。

7 『書簡集』書簡 21，133 頁。「私が不正な行ないをせず，また，しないように努めるのは，それが私固有の本性とまともに矛盾し，私を神への愛と認識から離れさせるからです」。

8 『エチカ』第 5 部，定理 41。「人が身体を永遠に保ちうるとは信じないがゆえに，むしろ毒や致命的な食べ物を飽食しようと欲したり……」。

9 『短論文』第 2 部，第 26 章，205 頁。

10 『エチカ』第 2 部，定理 40，備考 2。「もろ

もろの記号から一般的，普遍的概念を形成する……」．『知性改善論』(20)，22頁．「単に聞き覚えだけから，つまり，慣習的記号から……疑ったことがない事柄を知る」．

11 『短論文』第2部，第1章，114–115頁．「第一のものは，通常，誤謬に従う．第二，第三のものは，誤ることはありえない．……それはちょうど，オウムが人から教えられたことを喋るようなものである．……第三は，明瞭判然たる認識……」．スピノザは，認識を想像による第一種の認識と，理性による第二種の認識および第三の認識の三種類にわけていて，理想の認識は第三種の認識で，直観的科学と称されるものであるとしている．

12 蜜蜂が功利主義者だというのは，功利主義者のバーナード・マンデヴィルが18世紀初頭に著わした『蜂の寓話』(泉谷治訳，法政大学出版局，1985年) から来ている．

13 ウッディ・アレンの「俺たちは本みたいなもんだ」という警句を言い換えているのかもしれない．人間のうわべだけしか見ていないことを，本のカバーの紹介文に例えている．

第16話　石の落下

1 『エチカ』第2部，定理13，備考．「程度の差はあるにせよ，すべての個体には，霊魂がある」．プレイヤッド版の仏訳では，ここで言う霊魂は，物体を突き動かす運動のアニミズム的原理ではなく，単に「身体の観念」のことであるという註釈を施している．

2 『書簡集』書簡58，269–270頁．「無知の避難所」という言葉はスピノザの文通者オルデンブルクも1661年9月27日の書簡のなかで用いている．「したがって，われわれは，説明のできない形相とか隠れた性質とかに，つまり無知の避難所に逃げ場を求める必要はないと確信しております」(『書簡集』書簡3，21頁)．

3 『エチカ』第1部，付録．

4 『書簡集』書簡58，269頁．

第17話　ビュリダンのロバ

1 『エチカ』第3部，定理2，備考．邦訳では，「霊魂」ではなく，「精神」という訳語が用いられている．

2 同所．

3 少なくとも，自由意志の支持者たちは，獣たちをこんなふうに想像している．スピノザにとっては，獣にも命がある．議論は，対人論証^{アド・ホミネム}である．(原註)

4 H.G. ウェルズのSF小説『モロー博士の島』(邦訳，宇野利泰訳，早川書房〈ハヤカワ文庫SF〉，1977) の主人公で，動物を人間に変える実験を行なっていた．

5 『エチカ』第3部，定理2，備考．著者の訳では，「精神の決定と身体の規定とは」となっていて，原文にある appetitus（衝動，欲動）という言葉を訳していない．この名詞が邦訳あるいはアピュン版（仏訳），アリアンサ版（西訳）のように，「精神の決意，ないし衝動」と訳すべきか，あるいは，レクラム文庫（独訳），プレイヤッド版（仏訳）その他のように「身体の決定あるいは欲動」と身体に固有のものとして訳すべきなのか，はっきりしていないからかもしれない．

6 同，第2部，定理49，備考．上，158頁．スピノザ自身は，若い頃に，デカルト的自由観を支えるために，ビュリダンの馬に救いを求めた（『形而上学的思想』第2部，第12章）．しかしいまでは，彼ははるかに懐疑的であることを表明している．(原註) ／『デカルトの哲学原理』，235頁．ここでは，スピノザは，人間はロバと同じではないとして，『エチカ』とは反対のことを主張している．ジャン・ビュリダンは14世紀初頭のスコラ哲学者で，パリ大学学長．唯名論者で，オッカムの弟子とされる．ビュリダンのロバの寓話は，決定論者に対する反駁のために考え出されたと言われる．

7 『エチカ』第2部，定理49，備考．

8 同，第 3 部，定理 17，備考。

9 同，定理 31。「同じものを同時に愛し，憎む……，われわれは，そのとき心情の動揺を感じる」。

10 同，定理 32，備考。

11 同，第 2 部，定理 49，備考。

12 リビドーは「快楽」，「情欲」，「官能欲」などと訳されている。ラテン語では「欲望」を表す言葉。フロイトが人間の性衝動を表す言葉として用い，みずからの精神分析学の中心概念とした。

13 『知性改善論』(1)。11 頁。

14 同，14 頁。

15 同所。

16 同，16 頁。

17 同，16–17 頁。

18 以上は，『知性改善論』(1) から (13) まで。11–18 頁。

第 18 話　陶工の神

1 『書簡集』書簡 20，57，77。（原註）

2 同，書簡 58，272 頁。

3 同，書簡 78，343 頁。

4 同所。

5 『形而上学的思想』第 2 部，第 8 章，214 頁。

6 『道徳の系譜』第 1 論文，第 13。『ニーチェ全集』第 11 巻，信太正三訳，筑摩書房，1993 年，404 頁。「仔羊こそが善といえるものではないか」。なお，第 2 論文は，「悔悟，良心のやましさ，劣悪」と題されている。

7 同，書簡 79，345 頁。

8 『エチカ』第 3 部，定理 41，備考と感情の定義 38 における残忍さの興味深い定義を見よ。（原註）／「残忍……とは，われわれの愛する者あるいは憐れむ者に対して，害悪を加えようとわれわれを駆る欲望である」。

9 『書簡集』書簡 75，330 頁。聖書では，『エレミヤ書』18 章，第 1–6 節。「……粘土が陶工の手の中にあるように，イスラエルの家よ，お前

たちはわたしの手の中にある」。

10 同，書簡 78，342 頁。

11 『神学・政治論』。下，165–166 頁。

第 19 話　馬のリビドー

1 『エチカ』第 3 部，定理 57，備考。

2 同所。

3 同所。

4 同，定理 56。

5 同，第 5 部，定理 42，備考。第 4 部，定理 17，備考。『神学・政治論』第 5 章。上，181–182 頁。

6 『エチカ』第 3 部，感情の定義，(48)。

7 『知性改善論』(4)，12–13 頁。

8 同，11 頁。

第 20 話　蜜蜂と鳩

1 『書簡集』書簡 22，142 頁。

2 同，書簡 23，150 頁。

3 スピノザの伝記によれば，彼は蜘蛛同士の喧嘩や蜘蛛とハエの戦いを見るのが趣味だったという。

4 同，書簡 19，96–97 頁。

5 『エチカ』第 3 部，定理 27。「ある感情に刺激されるのをわれわれが思い浮かべるなら，われわれはそのことだけによって，類似した感情に刺激される」。著者はラテン語の affectus に affect というフランス語を当てている。訳語としては「情動」を当てた。「感情」や「情熱」では能動性が希薄になるからである。

6 『エチカ』第 3 部，定理 35，備考。

7 『国家論』第 1 章，第 2 節，12 頁。「人間が存在する限り，過誤は絶えない」。

8 『エチカ』第 4 部，序言。「善とは，われわれがわれわれの形成する人間本性のほうにますます近づく手段になることを知覚させるもののことである」。

9 『形而上学的思想』第 1 部，第 6 章，184 頁。

「救いは，人間にとっては善であるが，救いなどということに全然関係ない動物や植物にとっては，善でも悪でもない」。

第21話　獅子

1　『エチカ』第3部，定理55，系。「なんぴとも，自分と同等でない者をその徳ゆえにねたみはしない」。

2　『神学・政治論』第17章。下，196頁。「王たちは，自己の安全のために，自分は不死の神々から系統をひいていることを世間に信じさせようと努めた。臣民や一般の人びとは，彼らを自分と同等のものとは見ずに，神々であると信じてくれれば，喜んで彼らに支配され，……」。

3　同，第16章。下，177頁。「民主制は，……，もっとも自然であり，自然が各人に許容する自由にもっとも近い……」。

4　『エチカ』第3部，定理27。「われわれと同類のもので，かつそれに対してわれわれがなんの感情も抱いていないものがある感情に刺激されるのをわれわれが想像するなら，われわれはそのことだけによって，類似した感情に刺激される」。

5　『エチカ』第3部，定理29。定理31。諸情動の定義，44。「名誉欲はすべての感情をはぐくみ，かつ強化する欲望である。したがってこの感情はほとんど征服できないものである」。野心はこの場合，名誉欲である。

6　オウィディウス『恋愛』第2部，第19，第4–5句。現代のわれわれなら，「頑固なことだ」（il est de fer）とは言わないで，「木石だ」（il est de bois）というところだ。『エチカ』第3部，定理31。備考。（原註）／邦訳では，「他人の捨てるものを愛するなんて野暮なことだ」となっている。

7　『エチカ』第4部，定理37。備考1。

8　同，第3部，定理59，備考。「適合的に認識する限りでの精神に関係する感情から生じるす

べての活動を，私は精神の強さに帰する」。第4部，定理73，備考。「……人間の真の自由について示したこれと類似の事柄は，精神の強さに帰せられる」。

9　同，第4部，定理53。「謙遜は徳ではない」。定理57，備考。

10　『神学・政治論』第3章。上，120頁。

11　『エチカ』第4部，定理36。定理58。「名誉は理性に矛盾せず，理性から生じることができる」。第5部，定理20。「……より多くの人間が同じ愛の紐帯によって神と結合する……」。

12　同，定理36，備考。

第22話　蛇

1　『国家論』第2章，第6節，21頁。

2　『短論文』第2部，第25章。202–203頁，『書簡集』書簡76参照。333–340頁。

3　『エチカ』第4部，定理68，備考。

4　同，定理67。「自由人は，死について考えることがなによりももっとも少ない」。

5　同所。

6　『神学・政治論』第4章，上，160頁。「アダムはその啓示を……ただ法として……把握したのである」。『書簡集』書簡19（94–101頁）。

7　『エチカ』第4部，定理68，備考。

8　同所。

9　同，定理64。「悪の認識は十全な認識ではない」。

10　『曙光』，102節，『ニーチェ全集』第7巻，茅野良男訳，筑摩書房，1993年，115頁。

11　『エチカ』第4部，序言。「善とは，われわれがわれわれの形成する人間本性の雛型にますます近づく手段になるとわれわれが悟るもののことであり……」。

12　同，定理54，備考参照。「後悔と恐怖……という感情に支配される人間は，他の人間よりもはるかに容易に，ついには理性の導きに従って生活するように，言い換えれば，自由になって幸福な生活を享受するように導かれることがで

きる」。

第23話　憂鬱な気分の人

1　『エチカ』第3部，定理11，備考。
2　同，第4部，定理45，備考。定理63，備考参照。
3　『コヘレトの言葉』第1章，第18節。過去には，旧約聖書の『コヘレトの言葉』は『伝道の書』とも訳されていた。
4　『転身物語』，前掲，223頁参照。
5　『エチカ』第4部，付録，第13項。
6　同，定理35，備考。
7　『神学・政治論』第16章。下，166頁。
8　『エチカ』第4部，付録，第9項。「人びとを教育……することによって，もっともよく自分の技量と才能を証明することができる」。
9　同，序言。『神学・政治論』第1章。上，78頁参照。「憂鬱を神の憂鬱と名づけたサウルの下僕どもはサウルに勧めて，ある音楽家を呼んで，これに琴を奏でさせてサウルを慰めようとした……」。なおサウルは，イスラエル人最初の王であったが，悲劇的な運命のために常軌を逸した行動に走ったと言われる。一方，サウルに嫉妬されたダビデは，サウルの凋落につれて民衆の支持を得るようになり，彼の戦死とともに，王となり，やがて繁栄する王国を築く。しかし，ダビデは音楽に通じていたが，憂鬱な気質の人間ではなかった。

第24話　家　畜

1　『国家論』第4章，第4節，51–52頁。
2　同，第7章，第25節，102頁。
3　『神学・政治論』第20章。下，281頁。
4　同，第17章。下，193頁。
5　同，第20章。下，272頁。
6　同，第17章。下，219頁。
7　同，序言。上，44頁。「意見が犯行と同様に有罪視され，処罰される……」。

8　『国家論』第5章，第4節，57頁。
9　同，第5節，57–58頁。
10　ホッブズ，『人間論』第1章，第2節，本田裕志訳，京都大学学術出版会，2012年，9頁。
11　『国家論』第6章，第4節，62頁。

第25話　記憶喪失に陥った詩人

1　ムーサイは，ギリシア神話の詩などの諸芸術を司る女神たちで，ゼウスとムネモシュネ（記憶の意）のあいだにできた娘たち。なお，このスペインの詩人はゴンゴラという名の詩人とされ，1627年に死ぬ一年前から記憶を喪失していたという。
2　『エチカ』第4部，定理39，備考。
3　『書簡集』書簡76。339頁。「あなたは自分自身を見失ってご両親を激しい悲しみに陥らせ，……」。
4　『エチカ』第4部，定理39，備考。
5　同，第5部，定理39，備考。
6　同，第1部，定理8，備考2。『神学・政治論』第7章。上，259頁。
7　『エチカ』第3部，定理31，備考。「自分の愛するものや自分の憎むものを人びとに是認させようとするこの努力は，実は名誉欲である。……このことをすべての人びとが等しく欲するゆえに，すべての人が等しく互いに障害になり，……すべての人が相互に憎み合うことになる」。第4部，定理17。「善と悪の真の認識が心情の動揺を引き起こし……」。
8　同，第4部，序言。

第26話　二匹の犬

1　『エチカ』第5部，序言。冒頭の「情念」は，フランス語ではpassions（情熱）であり，邦訳では「感情」と訳されている場合もある。
2　同所。
3　『書簡集』書簡58参照。269頁。「私は，自由を……自由な必然性として考えています」。

4 『エチカ』第5部，定理2。

5 同所。

6 同，定理4および備考。「……これに反して，理性の指図によって生活する人間にあっては，それは能動ないし徳であって……」。

7 同所。

8 同，第3部，定理59，備考。「……単に主要な感情のみを数え上げただけで十分である」。

9 同，第5部，定理6，備考。

10 同所。

11 同，定理10，備考。ここで「侮辱」と訳されている言葉はラテン語で injuria であり，「不法な言動」をも意味するところから，邦訳ではたんに「不法」と訳している。しかしここでは各国版を参照して，法律的意味合いでこの言葉を解釈しなかった。

12 同，定理11。

13 同，定理18。

14 同，定理18。

15 同，定理20。「より多くの人間が同じ愛の紐帯によって神と結合することをわれわれが想像するに従って，この愛はそれだけ多く育まれる」。

16 同，定理19。

17 同，定理36。「神に対する……愛は，神が自己自身を愛する無限の愛の一部分である」。

18 同，系。「人間に対する神の愛と神に対する精神の知的愛とは同一である」。

19 同，第3部，定理57，備考。「理性を欠いたと言われる動物」参照。（原註）

第27話　子供

1 『エチカ』第5部，定理6，備考。「もし多くの人が成人として生まれるとしたら，……だれしも小児を哀れむだろう」。

2 同，第4部，付録，第13項。「親の叱責に平気で耐えることができない少年もしくは青年が家を捨てて軍隊に走り，家庭の安楽と父の訓戒の代わりに，戦争の労苦と暴君の命令とを選び，ただ親に復讐しようとするために，ありとあらゆる任務を引き受ける……」。

3 『神学・政治論』第17章。下，222頁。同，第5章。上，180頁。「彼らは，自分勝手に耕したり，播いたり，刈ったりすることができず，ただ律法にある命令に従ってのみそれをなすことが許された」。

4 同。下，224頁。

5 『エチカ』第5部，定理42，備考。

6 同，定理39，備考。

7 同，定理23。

8 同，定理23および備考。

9 同，定理10。

10 同，定理36，備考。「この愛ないし至福は，聖書では名誉と呼ばれ……」。

11 同，定理40，系。

12 『神学・政治論』第5章。上，177頁。「神の栄光は汝を群れに加えん」。

13 『エチカ』第5部，定理42，備考。

第28話　社会的動物

1 『国家論』第2章，第14節，27頁。なお，表題の「狼さん，そこにいるの？」は，狼役の大人ひとりを交えた子供たちの鬼ごっこで歌われる童歌（17世紀頃の作）の一節。

2 『エチカ』第4部，定理35および系1，備考。

3 『国家論』第2章，第15節，28頁。

4 『神学・政治論』第3章。上，126頁。

5 『書簡集』書簡50，238頁。「私は，自然権をつねにそっくりそのまま保持しています」。

6 『エチカ』第4部，定理37。「徳に従う各人は，自分のために求める善を他の人びとのためにも求めるだろう」。

7 同，定理35，備考。

8 ホッブズ『市民論』第1章，第2節，邦訳，本田裕志訳，京都大学学術出版会，2008年，35頁。

9 『国家論』第6章，第1節，60頁。『神学・政治論』第16章，168頁。「人間は安全かつ立派

に生活するためには，必然的にひとつに結合しなければならない」。

10 『エチカ』第4部，定理 35，備考。

11 『国家論』第6章，第4節，62頁。「隷属，野蛮，孤独を平和と名づけることができるとすれば，人間にとって平和ほど惨めなものはない」。

12 同，第3章，第9節，41頁。「大多数の人びとを憤激させるような事柄に関しては，国家の権利がほとんど及ばない……」。

13 同，第5章，第2節，56頁。「人間が和合して生活し，そしてその法律が侵犯されることなく維持されている国家が最善の国家である」。

14 『神学・政治論』第5章。上，181頁。同，191頁参照。「……正しい生活を送っている人間は幸福な人間であり……」。

15 『エチカ』第4部，定理 67。

16 同，定理 37，備考 1。

17 同，付録，第 26 項。「人間以外に自然に存在するものを……われわれの用に順応させるように，われわれの利益への顧慮は要求する」。

第 29 話　セイレンたち

1 『国家論』第1章，第1節，11頁。

2 同，第 5-6 節，15頁。

3 ギリシア神話で，アルゴスが造った船に乗り込んだギリシアの英雄たちをアルゴナウタイと言い，彼らは，王位奪還のために黄金の羊皮を探し出そうとしていたイアソンのもとに集まり，コルキス目指して冒険の船旅に出る。竪琴の名手オルペウスもアルゴナウタイの一員で，彼はその琴の音でセイレンという海の怪物たちが住む島でアルゴナウタイの危機を救う。セイレンは，女性の上半身と鳥の下半身を持つとされた怪鳥の3姉妹で，河の神の娘と言われている。

4 オデュッセウスは，古代ギリシアの叙事詩人ホメロスの長編叙事詩『オデュッセイア』の主人公。トロイア戦争の帰途，セイレンに襲われるが，オデュッセウスはマストに体をくくりつ

けさせて誘惑を逃れたので，悲観したセイレンはみずから命を絶ったとされる。

5 『国家論』第7章，第1節，80-81頁。

6 同，第4章，第4節，51頁。

7 同，第5章，第3節，57頁。

第 30 話　イソップのヤギ

1 『国家論』第9章，第 14 節，154-155 頁。『エチカ』第4部，付録，第 13 項。

2 『書簡集』書簡 32，174頁。

3 ラ・フォンテーヌ『寓話』巻3，第5話，邦訳，今野一雄訳，岩波文庫，1972 年，169-171頁。イソップ童話では，井戸にはまったキツネが通りかかったヤギをだまし，ヤギが水を飲みたくなってやみくもに井戸に飛び込んできたのを利用して，キツネがまんまと脱出に成功する話になっている。教訓は転ばぬ先の杖。

4 『エチカ』第5部，公理1。

5 『国家論』第 1-2 節，11-12 頁。

6 「先のこと」は，フランス語で fin と表現されているが，この言葉は同時に「目的」または「終わり」を意味する。

7 『エチカ』第4部，定義7，8。「7　……目的なるものを衝動と解する。8　徳とは……人間の本質ないし本性そのもののことである」。

8 『神学・政治論』第 20 章，275頁。『国家論』第5章参照，55-59頁。

9 『エチカ』第4部，定理 42，備考。

文献抄

著作集

Spinoza, *Œuvres*, Garnier-Flammarion, 4 volumes.
罪深い版(ヤギが鹿になっている……)だが,使いやすい。
対訳の研究者版が現在 P.-F. モローの監修で Presses Universitaires de France から Epiméthée 叢書の一環で刊行中である。いままで出ているのは三巻。

インターネット上では

HyperSpinoza
http://hyperspinoza.caute.lautre.net/

Rudolf W. Meijer
http://users.telenet.be/rwmeijer/spinoza/indexfr.htm

スピノザ入門書

Alain, *Spinoza*, Gallimard.

Victor Delbos, *Le spinozisme*, Vrin.

Gilles Deleuze, *Spinoza philosophie pratique*, Minuit. 〔『スピノザ 実践の哲学』鈴木雅大訳,平凡社,1994 年/平凡社ライブラリー,2002 年〕

Pierre-François Moreau, *Spinoza*, coll. Écrivains de toujours, Seuil.

Pascal Sévérac & Ariel Suhamy, *Spinoza*, Ellipses, coll. Philo-philosophes.

動物問題に関して

Jean-Pierre Babin, «La Fontaine et Spinoza» (HyperSpinoza 上のネット論文).

Laurent Bove, «Spinoza: le "droit naturel propre au genre humain", une puissance commune de revendiquer des droits», in *Humanités*, sous la direction de J. Allard et Th. Berns, Ousia, 2005.

Yves Citton et Frédéric Lordon, préface à *Spinoza et les sciences sociales*, Amsterdam, 2008.

Philippe Drieux, *Perception et sociabilité : La communication des passions chez Descartes et Spinoza*, Editions Classiques Garnier, 2015.

Chantal Jaquet, « Spinoza et le problème de l'âme des bêtes », *De l'animal-machine, à l'âme des Machines*, Publications de la Sorbonne, 2010, p. 45–58. Conférence prononcée en 2007, colloque dirigé par J.-L. Guichet

Alexandre Matheron, «L'anthropologie spinoziste?», *Revue de synthèse*, n° 89–91, 1978.

Pierre-François Moreau, «La place de la politique dans l'Éthique», in *Fortitude et Servitude. Lectures de l'Éthique IV de Spinoza*, sous la direction de Ch. Jaquet, P. Sévérac, A. Suhamy. Kimé, 2003.

François Zourabichvili, *Le conservatisme paradoxal de Spinoza. Enfance et royauté*. PUF, 2002.

訳者あとがき

以下は出版社による本書の紹介文である。

動物のイメージとともにスピノザを理解する

蜘蛛，馬，犬，獅子，ネズミ。翼を持つペガサス，セイレン……。実在の
動物，空想の動物，それどころか，どう考えても存在しない動物，怪物，幽
霊。スピノザ主義などという大テーマを紹介するために，ユーモアと博識を
まじえながら，著者は言葉のほかにイラストを使って，不思議な動物園を作
りあげた。ここで見て回るのは，そういう動物園である。

オランダの哲学者が考えを述べるときには，さまざまな例を示して――そ
してユーモアたっぷりに――わかりやすく説明していることを思い出して，
著者は豊富な例を出しながら，あまりにも厳密すぎるこれまでの幾何学者ス
ピノザ像を打ち破ることに成功している。

読者もこの本の動物たちと多くのハイブリッド創造物たちを見学しながら，
人間の権利や精神や情動といった難解な概念に触れる――具体的には人間の
感情や宗教や社会の営みが秘めている謎に近づくことができる。

30章もの変幻自在な例証からなるイラスト入り入門書は，大まかな順序
としては，スピノザの主著『エチカ』の構成に即しているが，ボードレールの
ぶつ切りにされた蛇のように，どの切れ端から本書を読んでも，それは読者
の自由である。

この紹介文が示しているように，本書は，スピノザの倫理学に関する主著『エ
チカ』の幾何学的証明の順に，彼の哲学を紹介するという形式は取っていない。
神の形而上学的定義から始まる『エチカ』を現代のわれわれが理解するのは容易
でない。のっけから，「自己原因」というおかしな概念が現われ，さらに，「実
体」という哲学的概念が登場する。そして，これらの概念によって説明されるも
のが神ということになる。

本書の読者は，このような神の哲学的・形而上学的な定義をあまり気にしなく
てもよい。とはいえ，いきなり神という言葉を聞くと，まず著者は何教の信者か
な，と思ってしまいがちなので，本書で使われている神という言葉がなにを意味
するかを知っておけば，抵抗なく本書の理解が進むと思われるのである。そこで，
本書には次のような神の存在証明があることに注目していただきたい。

「神は絶対に無限であるから，神は存在するための絶対的な力を持っている。したがって，神は絶対的に存在する」（15頁）。

　要するに，本書でしばしば論じられる神は，絶対，無限，永遠の全能存在のことである。だから，超自然的能力を持つスーパーマンのような存在が神だと考えてはいけない。「擬人神観」（19頁）退場。

　神は無限存在であるとすると，この世界に神は満ち満ちていて，至るところに存在していることになる。言い換えると，神とは世界が存在していることなのである。どのように存在しているかは，言うまでもないことである。森羅万象さまざまな個別的存在物が自然には存在している。そのなかには，動物も植物も鉱物も存在している。それらの集団も存在している。当然のことながら，個人の集成としての人類も存在している。

　人間は考える——およそ存在しているものは，ひとつの法則的な共通存在によって支えられているのではないか，と。そうでなければ，世界に必然性はなく，偶然と混乱の世界となり，その結果，「まっとうな人間ではなく，獣に近い人間」（71頁）だけが信じる奇蹟も起こるかもしれない。普遍的な存在性によって世界が支えられているからこそ，「無知と先入見から生まれる」（54頁）驚きに類した不可解な大事件などは生じないのである。この事物の存在性を支えるものがスピノザの神である。つまり，スピノザは存在物一般の共通性である，合法則的に存在すること，それが神だと考えたのである。

　そうなると，人類は，みな神の一部で，ひとりひとりの人間もその精神も，身体も，神が変化したものであるということにならざるを得ない。言い換えると，万物はみな「あるやり方で様態化された神そのもの」（37頁）である。人間の知性でさえも，「神の知性とわれわれの知性とのあいだには，もはや根本的な相違は存在しない」（22頁）。

　このスピノザの「様態化された神」という神観は，世間から大いなる「ひんしゅくを買った」（39頁）と著者は言う。同じ言葉を，アレクサンドル・マトロンが40年も前のある講義で引用符とともに使っていた（シュアミ共同編集『自由なマルチチュード』，131頁）。実はこの表現の源泉は，17世紀末のプロテスタント思想家ピエール・ベールが書いた長大な『歴史批評辞典』のこれまた長大なスピノザの項にある。ベールは，人間が神の変化したものなら，なにゆえにオスマン軍とわれわれとが戦うのかわけがわからなくなると，当時としては至極もっともなことを言った。

「スピノザの体系では，ドイツ兵がトルコ兵を一万人殺したと言う人も，ドイツ兵に変様した神が，一万人のトルコ兵に変様した神を殺したというのと同じ言い方になる。……まともな精神の持ち主なら，こんなに不合理でショッキングな仮説をはぐくむより，歯と爪で土地を開墾するほうがましだと思うだろう」（『歴史批評辞典III』野沢協訳，法政大学出版局，スピノザの項，670頁）。

　しかし，いまとなってはベールが非難するほど，スピノザの神観は理解不能というわけではない。トルコ兵とドイツ兵が戦う原因は，人間個人またはその集団である階級，社会，国家の個別的利害追求にあり，そのこと自体は，利害を追求する個別存在としては当然のことであり（個別存在であることが共通利害の認識を妨げている），したがってどちらが善で，どちらが悪かということではない。善か悪かという基準で言えば，単に一方の側の善が他方の側の悪になっているということであり，その逆も真である。だが，この「一部の善悪」を超えた無限存在が神であるから，ベールが考えているように，神が悪という「不完全性」を許しているということには一切ならない。

　ベールのスピノザ批判については，幸か不幸か，もっぱらベールの判決主文に登場する「有徳な無神論者」の代表としてのスピノザ像だけが一人歩きした。「ユダヤ共同体から解放され」（145頁），因習的な神を信ぜず，当然奇蹟も神の配慮も信じないおかしな人間だったが，財産を持たず，貧しく高潔で，禁欲的な生活を送った，人の模範となる人物だったというわけである。この人物評価は当たっている。彼は，乏しい年金や弟子の金銭的援助のほかに，肺結核の誘因となったレンズ磨きの労働に打ち込み，糊口をしのいでいた。燃え上がるような情念を女性に沸かしたこともあったようだが生涯妻帯せず，親をなくし，子供もいなかった。オランダに流れ着いたイベリア半島出身のユダヤ人の息子でありながら，ユダヤ教を批判したために破門され，アムステルダムには住めなくなり，弟もカリブ海の植民地に去って孤独な人生を送ったかに見えるが，若い頃は世俗的欲望も結構強く，商業活動も経験し，人生の機微にも通じていたようだし，書簡集から見る限り，友人や弟子には事欠かなかったらしいし，「賢者の栄光」（108頁）にも恵まれていたようである。ハイデルベルク大学への教授就任を断ったエピソードもあるし，ライプニッツは，スピノザの名声とその哲学が広がることを恐れてか，彼に会いに行ったことを否定し続けた。その後のスピノザとスピノザ主義の運命は，まるで，19世紀の半ば以来，ヨーロッパ世界をさまよっていると「宣言」されたマルクスとエンゲルスの「幽霊」——ジョナサン・イスラー

エルはさまよい歩く「哲学的な人さらいの子鬼」と命名している——のようなものとなった。スピノザ主義の場合は，あらゆる反宗教的な思想に，国籍を問わず貼り付けられた安直なレッテルとなったのである。

　とはいえ，ユダヤ教を批判したからといって，反ユダヤ主義に彼が鞍替えしたわけではまったくない。それはちょうど，聖書を批判的に読んでいるからといって，彼が永遠なる神の存在をまったく否定しなかったのと似ている。彼のユダヤ教批判は，若者にありがちな真っ向勝負の批判で，律法重視の厳格固陋なユダヤ教の習慣は自由なオランダ社会に合わないと考えたのである。ちなみに，彼が反ローマ戦争におけるユダヤ教徒の勇猛果敢な戦闘精神を高く評価していたことは，『神学・政治論』におけるユダヤ国民の強靱な抵抗精神の社会科学的「動因」（下，221 頁）分析と共に明らかである。彼はユダヤ国民「以上の大なる権利によって自己の財産を所有した者はなかった」として，この平等な「人間的行動の核心であり源泉である利益への顧慮」こそが「国民同士に対する愛を最高の敬虔をもって行う統治体を生みだし，彼らはその祖国においてのみ幸せであった」と書いている。

　ところで問題は，神の変化したもので満ち満ちているこの世界に，善悪の区別はあるのか，さらには世界は完全であるのか，それとも悪があるのだから不完全であるのかを見きわめることであった。

　スピノザの聖書解釈によれば，人間は，最初の人間（アダム）から「自分の理性を正確に用いる力がなく，もろもろの情念にさらされていた」（111 頁）のだから，原罪に落ちてから「悪に染まった」わけではなく，最初から，理性を働かなくさせる要因である情念に振り回されていたのである。Ecce homo! だ。情念とは，「身体のもろもろの出会い」（58 頁）から生じる自己の身体の反応から生まれる感情のことである。したがってアダムは，外部原因のせいで，人間としての自己の本質を実現できなかったことになる。人間は神の全部ではなく，「大きな〈全体〉のなかに混乱を引き入れる力を持った「帝国中の帝国」などでもなく，自然の一部」（30 頁）にすぎない。人間が全部であれば，神そのものを神がもう一度造ったことになり，それでは論理が破綻している。ということは，戦争や悪の存在は神および神の一部の不完全性を証明するものではなく，逆にそもそも「善悪観念は人間生活の毒素」（112 頁）だということである。すなわち，アダムが「悪を自由に選択」したからではなく，「善悪の存在を信じ」たから「罪になる」というのである。奇妙な善悪観ではあるが，「聖書の文章には即している」

（112頁）。

　人間にとっての「毒素」である善悪観を，著者はこう説明する。「絶対に悪く，神に完全に反対し，しかも不完全な存在であれば，一瞬たりとも生存することはそもそもできないのではないか。否定的な力，あるいは，否定形の力なんてものは存在しない。というのも，こんな概念は言葉の自家撞着だからだ」(111頁)。すなわち，否定とは存在しないことを意味し，したがって悪は，少なくとも絶対的な形では，つまり神的原因としては，存在することはできないということである。

　「自己原因」と「実体」について，簡単に見ておこう。自己原因とは，自分自身が自分自身の存在の原因であるということである。およそ地上の存在物はみな外部原因によって，存在したり，消滅したりする。子供の存在には父母が不可欠である。しかも子が存在するのは，自分が存在しようと思ったからではない。トルコ人に生まれようとするトルコ人はいない。国家の場合も同じで，「人間本性にもとづく永遠の法則に従って整備された……国家は外部原因以外では，けっして破壊されることはない」(144頁)。なぜなら，国家は支配＝被支配の社会関係を本質とするからである。反対に，国家が叛乱などにより滅んでいくのは，まるで内部原因で崩壊しているように見えるが，実はそうではなく，支配者が被支配者を服従させることができなくなり，支配者自身が支配権を失うからである。支配者が被支配者という外部原因によって滅ぶのである。まさしく「国家が服従されるのは，……各市民よりも，国家の力が強いからである」(138頁)。被支配者が服従しない国家はもはや国家の本質を喪失している。だから滅ぶのである。

　ところが神はあらゆる原因を自分自身に持っているから，神の存在は，神以外のものの結果ではない。因果関係はここでストップする。このような原因を自己原因と言う。つまり，神には誕生と消滅がなく，神は永遠である。万物の原因である神は無限で，究極の原因として唯一の能動者である。だからトルコ人もドイツ人も同じ神の一部である。しかしトルコ人とドイツ人は，それぞれ抱く欲望が異なる存在である。したがって両者は，人間としての性質を異にする存在になっている。その意味で，「悪人は，異なる性質間の不一致の現われにすぎない」(95頁)。

　実体という概念は，自己原因の定義の言い換えである。「実体とはそれ自身のうちにあり，かつそれ自身によって考えられるもののことである」。デカルトを批判するスピノザは当然のことながら，実体は唯一であると考えた。そうすると，

実体には外側がないことになり，他方で自然にも「外側というものがない」（33頁）という点から，自然即神というスピノザの自然主義が導き出される。この絶対的自然主義も，当時，世人に理解されることはなかった。しかし著者の最初の蜘蛛の説明で，納得できないだろうか？

「どのような存在物も，ありうることの手前にあるわけではない。存在物はつねに，いついかなる瞬間にも，ありうることの全体である。……存在物は「可能態」で存在するのではない。言い換えると，存在物は，……実現されていなくて，現実化するのを待っているわけではない。あらゆる可能態は現実態である。すなわち，現実に存在するものである」（12頁）。

この世には外側はなく，したがって現実態しかないのだから，スピノザが言うように，現実は完全である。不完全性の観念は，キマイラであり，架空の話である。この観念は，比較をしなければ，生じない（102頁）。

この可能態と現実態の一致という原理から，力は権利であり，権利は力であるという，『神学・政治論』や『国家論』を彩るダイナミックなテーゼ，すなわち「国家を産み出すものは，国家を破壊するものでもある」（139頁）という政治学的原理が生まれる。

「ある個体の本性とは，その個体が持つ力のことである。……したがって，個体がすることのすべては，個体がすることができることであり，したがって，個体はそのことに権利を持っているのである。もし獅子が私を食べることができるのであれば，獅子は当然，私を食べる権利を持つし，私が獅子を殺すことができるのであれば，当然，私は獅子を殺す権利を持っている」（37頁）。

また「各人の権利は，各人の力量ないし能力で測られるから，人間は，動物が人間に対して持つ権利よりもはるかに大きい権利を動物に対して持っているのである」（141頁）。だから人間は動物を食べることも正義と考えてきたのである。スピノザは「大変どぎつい正義観」（96頁）を持っていると非難されたのも，個体の本性が力にあると彼が言ってのけたからである。

しかし人間にできることが人間の権利だとすれば，当然人間は「できること」を増やすよう最大限努力しなければならないということになる。その努力を怠ると，人間は無権利状態に陥り，「人間を駄獣に変えてしまう」（118頁）専制君主的な他人によって支配され，自分の自由と自分のための幸福を失ってしまう。スピノザが絶えず「なにごとにおいても先のことを考えよ」（148頁）と強調するのもうなずける。力が「権利」（「法律」と同語）となれば，それで終わりではない。

権利が力だとすると，法律集に書かれてある人権のありがたい文言の数々は，その文言を尊重しない力によって，絶えず浸食され，空文化されるかもしれないということも納得できるだろう。

　国家も同じことである。スピノザによれば，先のこととは目的，欲望のことであり，「われわれの本質あるいは能力である。だから政治の目的はこういうことになる」（148頁）と，著者は，スピノザの『神学・政治論』の主張を引用して本書を締めくくっている。

　「国家の目的は，人間を理性的存在から粗暴な獣あるいは自動機械に変えることではなく，むしろ反対に，人間の精神と身体が安全に機能を果たし，彼ら自身が自由な理性を使用し，そして，彼らが憎しみや怒りや奸計をもって争うことなく，また相互に悪意を抱き合うことのないようにすることである。ゆえに，国家の目的は，畢竟，自由に存するのである」（148頁）。

　ここで言われる「人間」とは，マルチチュードという，政治社会のもとで支配されている大衆のことである。このマルチチュードという概念に，「力が権利だ」という原理が適用されると，近代国家の帰趨を決定する原理となる。マルチチュードは数であるから，塵も積もれば山となるということわざ通り，結集すれば巨大な力となる。すなわち，国家の栄枯盛衰の鍵を握るのは，この微細ではあるが，強力な欲望という精神＝物質力を内に秘めた個人の総体からなるマルチチュードの動向だということである。

　スピノザは常に事物を永遠の相の下に見るから，「彼の関心を引くことは，国家の設立ではなく，その維持と強化である」（139頁）。国家の永続性のためには，マルチチュードすなわち多数者による支配がもっとも望ましい。だから彼は，国家制度のなかで，「もっとも自然であり，自然が各人に許容する自由にもっとも近い」（『神学・政治論』下，177頁）政治制度は，民主制であると考えたのである。

　動物と人間の関係をスピノザがどう見ていたかについて一言付け加えておこう。善悪が存在せず，「すべてのことが必然的である」ととらえるスピノザの考え方に驚いた友人たちは，ひとしなみに彼に尋ねる。われわれは獣そっくりなのですか？

　しかし「人間と獣のこの同一視」ほど「スピノザを激しくいらつかせる」発言はない。「私がいったいどこで，われわれ人間が動物とそっくりだなんて言ったというのか？」（39頁）。絶対的自然主義との関連で，読者は，このスピノザの反応を意外に思われるかもしれない。しかし，スピノザが「あるがままでいること

ができる」（117頁）のが動物であるから，動物の本性は動物の存在と等しいと考えていたのは事実だが，人間本性の場合は，存在と本質との関係が分離しているのである。彼は，私有財産の平等性を基本とした分業的な共同性が人間の本質だと考えていた。スピノザは言う。

　「孤立を恐れる気持ちは，あらゆる人びとに内在している。ところで，なんぴとも孤立していては，自分を守るほど強くないし，生活に必要な品々を得ることができないから，人間は本質的に社会を欲するし，社会を完全に廃棄するようなことは，人間にはけっしてできないということが帰結される」（138–139頁）。

　この分業的な共同性が人間の本質である限り，人間とは「社会的動物」であるというアリストテレス＝スコラ哲学の定義は正しいが，「それにもかかわらず，彼自身はそれを採用しない」（139頁）。なぜか？　それは，彼が人間存在の子供時代を「力の欠如という状態ではなく，むしろすでによりよい状態を，すなわちもっと強い人間本性を夢見ることができるような力が存在して，それが最小の段階にあるという状態」（131頁）と捉えているからである。つまり，人間はそもそもわずかばかり（「最小の段階」）社会的ではあるが，やがて動物になるわけではまったくないのである。動物なら，万般遺漏なくすべての生活のための諸装置をみずからの体内に完璧にそろえており，自然的成長とともに必ず動物身体は強くなり，群れを成す動物は自然に群れるのである。

　これに反して人間は，自然に完全な人間になるのではない。「人間本性モデルの決定と再現を経由する」（104頁）ことが，人間が完全な人間になるうえで決定的である。人間は人間個人の外部にある人間性のこの正しいモデルを，もちろん生得的にではなく後得的に，共同性の認識を可能にする理性の成長とともに獲得する。理性の発達とともに，人間本性の大部分が獲得されるのだから，当然個人差が出る（40–41頁）のである。

　もしこのようなものが人間本性であるとしたら，「恐怖と希望，愛と憎しみなどのあいだを動揺する」（92頁）人間，ビュリダンの「ロバ」のように人間本性と動物本性のあいだで揺れ動く完成度の低い「人間たちがごまんといる」（92頁）のも，当然のことなのである。

　では，どうしてスピノザは，動物と人間を同一視していると誤解されるのだろうか？　それは，スピノザが「模倣」という特筆すべき性質を人間が備えていると考えているからである。この模倣という機能だけは人間のおそらく唯一の生得的な精神的機能である。もちろん，観念も模倣されるし，身体行動も模倣される。

なんであれ，模倣されるから，「付和雷同が進む」（119頁）場合もある。みんなの真似はしやすいからだ。模倣であるから，子供が大人の真似をする場合もあるし，逆に大人が赤ちゃんの真似をする場合もある。

おまけに，われわれは，あるひとつの国家，社会に生まれつく。それらは，「法の峻厳さ」と「情念の移ろいやすさ」（143頁）という二つの条件が両立するとの謬見を吹き込まれた専制君主が統治する体制であるかもしれない。「人間以外の生き物を模倣する……大罪」（121頁）を国家，社会が犯している場合（たとえば銃社会）もある。そうした状態に生まれつく子供ほどみじめなものはない。なにしろ人間を「駄獣に変えてしまう」（118頁）ことを夢見る国家に生まれつくのである。そのような環境に生まれた人間は，本書130頁の子供兵士のように，動物の真似をして，戦争に出かけるかもしれない。彼は，戦場で観念上は「百獣の王」たる獅子の本性を真似る。しかし，人間が獅子の本性を真似ると，ろくな結果にはならない。自分が最強と思いこむからだ。スピノザが言うとおり，所詮「馬は馬であって，人間ではないことについては大目に見ることができるのですが，それにもかかわらず，馬は馬であって，人間であるはずもない」（95頁）からである。

最後に著者の学位論文『スピノザにおける善のコミュニケーション』との関係で，スピノザの独特の真理観に関する少しわかりにくいと思われる著者の解釈について触れておきたい。著者は，スピノザのコミュニケーション観の本質を「凡俗の頭に合わせて語ること」（『知性改善論』，20頁）と見ている。だからスピノザは，「摩訶不思議な……ありそうにない物語が満ち溢れている」聖書を解釈するときには，マイモニデスのように「なにがなんでも宗教を合理化しようとする」（77頁）のではなくて，預言者の考えていることに「主張されること」すなわち使われている言葉なり，表現なりが「適合しているかどうか」（53頁）を判定することが重要だと考えていたというのである。たいていの人間が間違うのは，考えていることに適合する言葉を用いないからである。ある人が「7 + 5 = 11 と書いても誤りを犯しているわけではない」（74頁）。12 と考えているのだから，そう書けばよかったと言うことである。したがって「馬鹿げたことを言っている（または，書いている）からといって，馬鹿げたことを考えているわけではない」（75頁）ということになる。もうひとつは，「崇高な事柄を理解する能力がない」（書簡20，99頁）民衆向けに，預言者がたとえを用いる場合である。「神は嫉妬深い」と言おうとして預言者モーセは「神は火である」という表現を使った。つま

り，一神教を，神の嫉妬深さにたとえ，そのことを「神は火である」と表現した わけである。

　そこから発展して，著者は「生まれつき人間はねたみ深い」（105頁）と書く。 「神の知性と意志は，（無限の）様態」であるから，「無限知性の一部である」（22 頁）人間の知性にも当然それは反映されていて，人間もねたみ深さを本質として いる。では，人間の場合，なぜ「同類の弱みから花開き，彼ら同類の有徳から悲 しみを覚える」（105頁）ほどに嫉妬深いのであろうか？　それは，端的に言えば， 彼が精神的にも肉体的にも「強くなりたい」と切望するからであり，有徳になっ て栄誉を獲得したいと熱望するからだろう。ということは，嫉妬深い人間は自分 の感情を間違って表現しているのである。タフな人間になって，みなから尊敬さ れる人間になりたいと表現すべきところを，「ねたみ」として表現してしまった わけである。憎しみや悲しみの感情についても，同じである。それらは実は表現 間違いなのである。憎しみは，愛情が足りないだけの話である。外界の気温と同 じで，30度を超えれば，それを暑いと表現し，零下になれば，寒いと表現して いるのとなんら変わらない。こう考えるスピノザは，どのような事態になっても 「驚きの娘」（54頁）にはならない。その意味でスピノザの哲学は強力な思想であ る。彼の哲学にあっては，世界のすべての存在物が肯定される。肯定的なものし か世界には存在できないからだ。まさに「理性的なものは現実的であり，現実的 なものは合理的なのである」とでも言うほかない。

　本書では，説明するにあたり哲学用語をなるべく使用せずに，平易な動物の例 ととくにスピノザの『書簡集』を活用して，あらゆる類の「無知」へ攻めかかる スピノザ哲学を生き生きと紹介している。これがスピノザ入門書としては類書に 見ない本書の特徴であり，長所である点を繰り返し指摘しておきたい。

　翻訳にあたっては，法政大学出版局の郷間氏に大変お世話になった。何度も適 切なアドバイスをいただいた。お礼申し上げる次第である。

　　2017年12月

　　　　　　　　　　　　　　　　　　　　　　大津真作

[著者]

アリエル・シュアミ（Ariel Suhamy）
ノルマリアンで，哲学教員資格者ならびに哲学博士。学位論文『スピノザにおける善のコミュニケーション』（ガルニエ）のほかに，共著で『スピノザ』（エリプス），共同編集で『自由なマルチチュード，『国家論』の新しい読み方』（エディション・アムステルダム）など，スピノザに関する数本のエッセーと論文の著者。

アリア・ダヴァル（Alia Daval）
ニース国立芸術高等学院卒。科学画家として長年先史研究所に勤務。2002年からマルチメディア集団セルヴォヴァルヴの一員。本書は初めての著作。

［訳者］

大津真作（おおつ しんさく）
1945年大阪府生まれ。西欧社会思想史専攻。甲南大学名誉教授。著書：『異端思想の五〇〇年——グローバル思考への挑戦』（京都大学学術出版会）、『思考の自由とはなにか』（晃洋書房）、『倫理の大転換——スピノザ思想を梃子として』（行路社）、『啓蒙主義の辺境への旅』（世界思想社）、訳書：モラン『方法1〜5』、ヴェントゥーリ『百科全書の起源』、ヴェーヌ『歴史をどう書くか』、モスコヴィッシ『自然の人間的歴史上・下』、レーナル『両インド史』（以上、法政大学出版局）、ジャルダン『トクヴィル伝』（晶文社）、フュレ『フランス革命を考える』、バーク『フランス歴史学革命』（以上、岩波書店）、ランゲ『市民法理論』（京都大学学術出版会）、他。

スピノザと動物たち

2017年12月25日　初版第1刷発行

著　者　アリエル・シュアミ
　　　　アリア・ダヴァル
訳　者　大津真作
発行所　一般財団法人　法政大学出版局
　　　　〒102-0071 東京都千代田区富士見 2-17-1
　　　　電話 03(5214)5540　振替 00160-6-95814
組版：HUP　印刷：三和印刷　製本：積信堂
© 2017

Printed in Japan

ISBN978-4-588-15087-6